Jetzt lerne ich analytische Geometrie für die Oberstufe

www.mathe-total.de

von

Dr. rer. nat. Marco Schuchmann, Dipl.-Math.

© 2024 Marco Schuchmann

Verlag: BoD · Books on Demand GmbH, In de Tarpen 42,

22848 Norderstedt, bod@bod.de

Druck: Libri Plureos GmbH, Friedensallee 273, 22763 Hamburg

ISBN: 978-3-8423-5231-5

Vorwort

In diesem Buch werden Anwendungen der analytischen Geometrie in der Oberstufe mit vielen Beispielen beschrieben. Die Beschreibungen orientieren sich an den Aufgaben- und Problemstellungen, wie sie in der Oberstufe an Gymnasien als auch an Fachoberschulen behandelt werden. Das Buch kann auch zur Abiturvorbereitung oder zum Auffrischen des Oberstufenwissens vor einem Studium verwendet werden, da es kompakt die wesentlichen Inhalte zur analytischen Geometrie bzw. linearen Algebra darstellt.

Es werden ebenso Grundlagen, wie die Berechnung der Länge eines Vektors oder eines Mittelpunktes zweier Punkte und die Bestimmung von Geradengleichungen und Ebenengleichungen in Parameterform beschrieben, als auch die Untersuchung der Lagebeziehungen, die Berechnung von Abständen und Schnittwinkel, die Umrechnung der verschiedenen Formen von Ebenengleichungen und die Berechnung von Flächen. Darüber hinaus wird auch dargestellt, wie man einen Punkt an einer Ebene spiegelt oder eine Kugelgleichung bestimmt.

Es wurden viele Erklärungen, wichtige Hinweise für bestimmte Aufgabentypen, Aufgabenbeispiele mit Lösungstipps und Grafiken eingefügt. Bei allen Beschreibungen wurde darauf geachtet, dass diese für Schülerinnen und Schüler möglichst verständlich sind. Die Grafiken und auch die meisten hier beschriebenen Methoden können mit der Seite www.alles-mathe.de erstellt bzw. angewendet werden, um beispielsweise eigene Lösungen von Aufgaben zu überprüfen. Weitere Aufgaben mit Lösungen, Beispielen und Online-Aufgaben zum Buch sind unter www.mathe-total.de zu finden und in der aktuellen Auflage wurden Links zu entsprechenden Übungsaufgaben mit Lösungen hinzugefügt.

Dr. Marco Schuchmann
(e-mail: schuchmann@mathe-total.de)

Inhalt

1 Grundlagen

1.1 Vektoren

Wir beginnen in einigen Beispielen mit der zweidimensionalen Darstellung, also im $\mathbb{R}^2$, da dies zunächst anschaulicher und von der Analysis durch das Einzeichnen von Funktionsgraphen bereits bekannt ist. Im dreidimensionalen $\mathbb{R}^3$ kann natürlich alles analog angewendet werden, die Vektoren haben dann eben drei, statt nur zwei Komponenten.

Im Gegensatz zu Punkten wie beispielsweise A(1; 2) schreibt man die Komponenten eines Vektors übereinander, z.B.

$$\vec{x} = \begin{pmatrix} 1 \\ 2 \end{pmatrix}.$$

Vektoren werden, wie oben zu sehen ist, mit kleinen Buchstaben und einem Pfeil darüber gekennzeichnet ($\vec{x}$ oder $\vec{x}$) oder mit zwei aufeinander folgenden Großbuchstaben, wie $\overrightarrow{AB}$, für einen Vektor, der „vom Punkt A zum Punkt B zeigt". In der unteren Grafik ist zu sehen, dass Vektoren, wie der Vektor $\vec{x}$, nicht an eine bestimmte Stelle „gebunden" sind, sondern wir können Vektoren parallel verschieben.

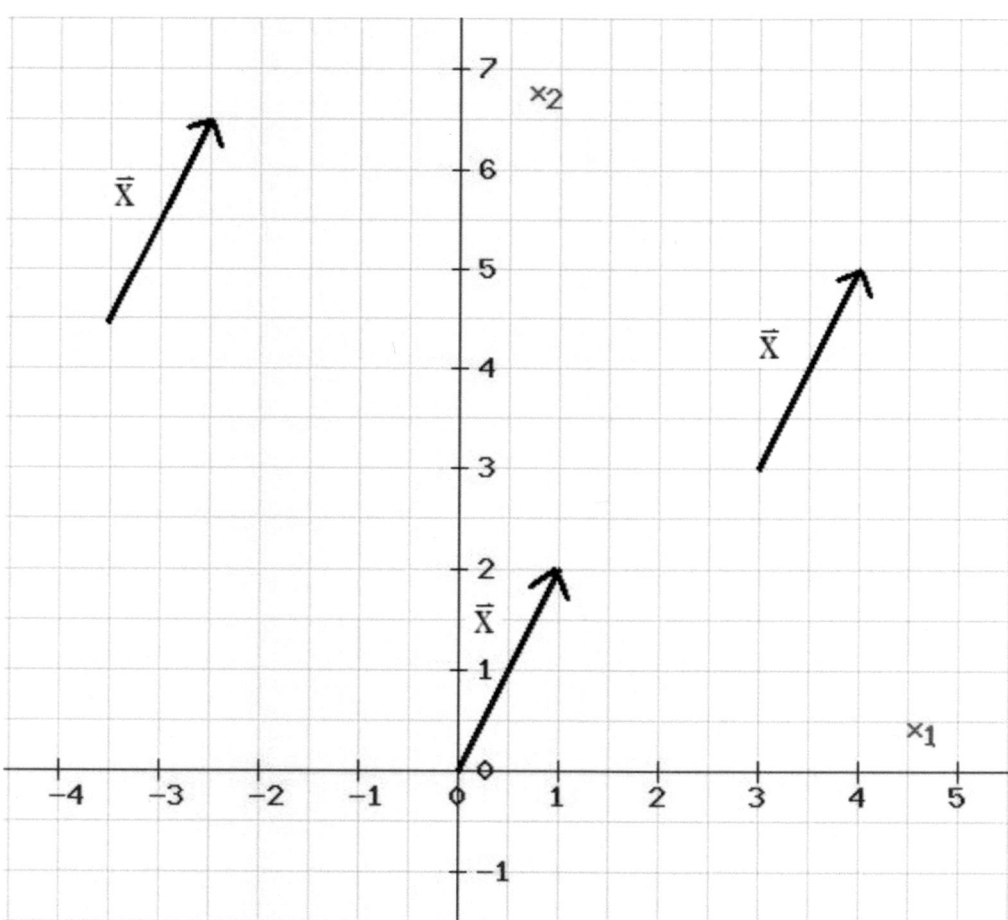

Die horizontale Achse ist die x_1-Achse (oder x-Achse) und die vertikale Achse ist die die x_2-Achse (oder y-Achse).

Vektoren sind durch ihre Länge, Orientierung und ihre Richtungen festgelegt. Betrachtet man den Vektor, der vom Ursprung (Origo) O(0; 0) zum Punkt A(1; 2) zeigt, der so genannte Ortsvektor des Punktes A, so schreiben wir

$$\overrightarrow{OA} = \begin{pmatrix} 1 \\ 2 \end{pmatrix}.$$

Als nächstes wollen wir den Vektor bestimmen, der von einem Punkt A, z.B. A(1; 2,5) nach B, z.B. B(3; 1,5) zeigt. Hier gilt:

$$\overrightarrow{OA} + \overrightarrow{AB} = \overrightarrow{OB}$$

Somit ist $\overrightarrow{AB} = \overrightarrow{OB} - \overrightarrow{OA}$.

Im **Beispiel**:

$$\overrightarrow{AB} = \begin{pmatrix} 3 \\ 1,5 \end{pmatrix} - \begin{pmatrix} 1 \\ 2,5 \end{pmatrix} = \begin{pmatrix} 2 \\ -1 \end{pmatrix}$$

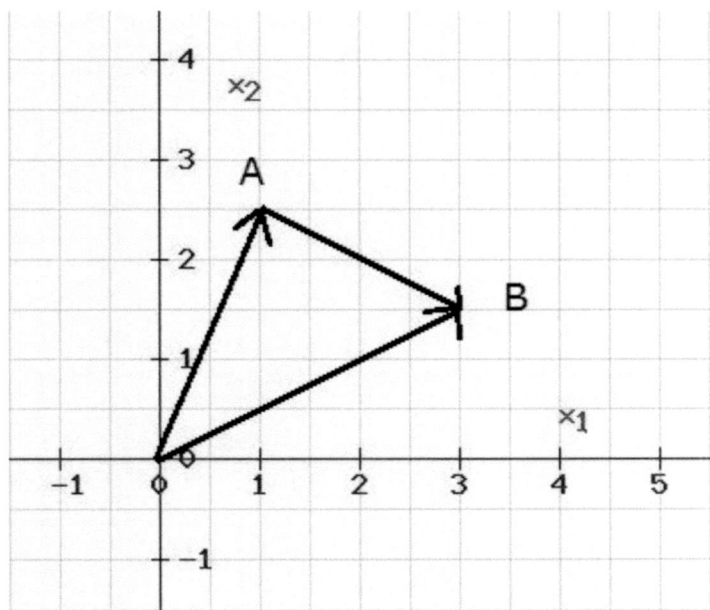

Wie man sieht, werden Vektoren Komponentenweise subtrahiert (und auch addiert). Man kann auch einen Vektor mit einer reellen Zahl multiplizieren, womit jede Komponente mit dieser Zahl multipliziert wird.

Beispiel:

$$\vec{x} = \begin{pmatrix} 1 \\ 2 \end{pmatrix}, \, 2 \cdot \vec{x} = 2 \cdot \begin{pmatrix} 1 \\ 2 \end{pmatrix} = \begin{pmatrix} 2 \\ 4 \end{pmatrix}$$

$2 \cdot \vec{x}$ ist doppelt so lange wie $\vec{x}$.

Für den Mittelpunkt M zwischen zwei Punkten A und B gilt:

$$\overrightarrow{OM} = \overrightarrow{OA} + 1/2 \cdot \overrightarrow{AB} = \overrightarrow{OA} + 1/2 \cdot \left(\overrightarrow{OB} - \overrightarrow{OA}\right) = 1/2 \cdot \left(\overrightarrow{OA} + \overrightarrow{OB}\right)$$

Nun gibt es natürlich nicht nur Vektoren in der reellen Ebene (bzw. im $\mathbb{R}^2$), sondern auch im dreidimensionalen Raum (bzw. im $\mathbb{R}^3$). Hier hat dann der Vektor drei Komponenten.

Beispiel:

$$\vec{x} = \begin{pmatrix} 1 \\ 2 \\ 2 \end{pmatrix}$$

Die oben beschriebenen Regeln gelten hier analog.

Unten haben wir den Punkt P(1; 2; -2) dargestellt. Möchte man diesen einzeichnen, so geht man zunächst vom Ursprung aus eine Einheit in die positive (d.h. entlang der x_1-Achse von (0; 0; 0) nach (1; 0; 0)) Richtung der x_1-Achse (oder auch x-Achse), zwei Einheiten in die positive Richtung der x_2-Achse (oder auch y-Achse) und zwei Einheiten in die negative Richtung der x_3-Achse (oder auch z-Achse).

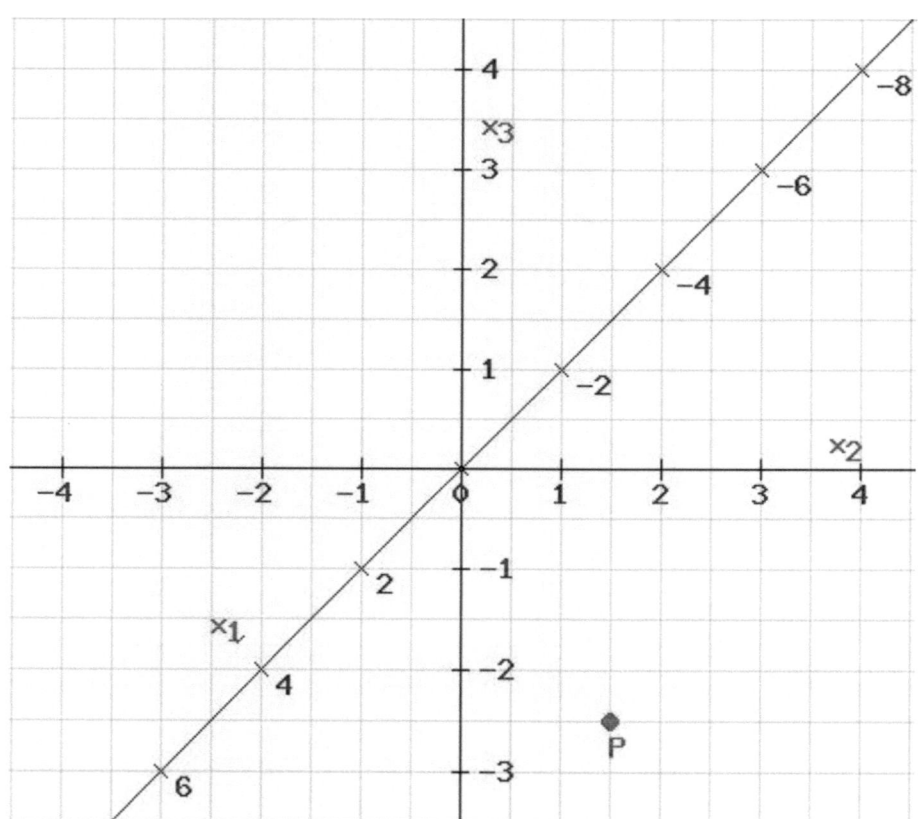

Aufgaben:
https://mathe-total.de/new/Aufgaben-Grundlagen-Vektorrechnung.pdf

1.2 Länge eines Vektors und Abstand von zwei Punkten

Die Länge eines Vektors $\vec{x}$ im $\mathbb{R}^3$ berechnet sich wie folgt:

$$|\vec{x}| = \sqrt{x_1^2 + x_2^2 + x_3^2} \quad \text{für} \quad \vec{x} = \begin{pmatrix} x_1 \\ x_2 \\ x_3 \end{pmatrix}.$$

Analog gilt im $\mathbb{R}^2$:

$$|\vec{x}| = \sqrt{x_1^2 + x_2^2} \quad \text{für} \quad \vec{x} = \begin{pmatrix} x_1 \\ x_2 \end{pmatrix}.$$

Beispiel:

Die Länge des Vektors $\vec{x} = \begin{pmatrix} 2 \\ 4 \\ -4 \end{pmatrix}$

beträgt: $|\vec{x}| = \sqrt{2^2 + 4^2 + (-4)^2} = 6$.

Der Abstand zweier Punkten A und B ist die Länge von $\overrightarrow{AB}$, also $\left|\overrightarrow{AB}\right|$ und es gilt dann z.B.

im $\mathbb{R}^3$ mit $A(a_1; a_2; a_3)$ und $B(b_1; b_2; b_3)$: $\left|\overrightarrow{AB}\right| = \sqrt{(b_1 - a_1)^2 + (b_2 - a_2)^2 + (b_3 - a_3)^2}$

Aufgaben:
https://mathe-total.de/new15/Aufgaben-zur-Bestimmung-von-Punkten-und-Abstaenden.pdf

1.3 Skalarprodukt und Winkel zwischen Vektoren

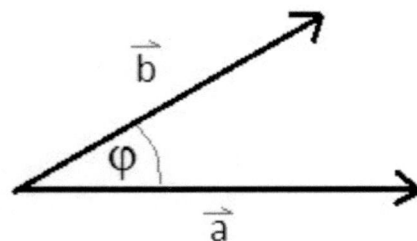

Den Winkel zwischen zwei Vektoren $\vec{a}$ und $\vec{b}$ berechnet sich nach der folgenden Formel:

$$\cos(\varphi) = \frac{\vec{a} \cdot \vec{b}}{|\vec{a}| \cdot |\vec{b}|}$$

Im Zähler steht ein spezielles Produkt, welches für zwei Vektoren definiert ist. Dieses nennt man das Skalarprodukt. Man könnte hier auch zur Verdeutlichung einen anderen Punkt als Symbol verwenden, es wurde aber zugunsten einer einfachen Notation darauf verzichtet, da man es aus dem Zusammenhang (das Symbol · beim Produkt zweier Vektoren steht im Folgenden immer für das Skalarprodukt) erkennen kann. Bei diesem Produkt zwischen zwei Vektoren ergibt sich eine reelle Zahl. Es gilt:

$$\vec{a} \cdot \vec{b} = a_1 \cdot b_1 + a_2 \cdot b_2 + a_3 \cdot b_3$$

für

$$\vec{a} = \begin{pmatrix} a_1 \\ a_2 \\ a_3 \end{pmatrix} \text{ und } \vec{b} = \begin{pmatrix} b_1 \\ b_2 \\ b_3 \end{pmatrix}.$$

Das Skalarprodukt wird analog im $\mathbb{R}^2$ berechnet. Da $\cos(90°) = 0$ ist, gilt für Vektoren, die senkrecht zueinander stehen bzw. orthogonal sind:

$$\vec{a} \cdot \vec{b} = 0$$

Beispiel:
Sind Punkte im Raum gegeben, z.B. die Eckpunkte eines Dreiecks, so ist zu beachten, dass man die Vektoren so bestimmt, dass diese beide von der Ecke, in der der Winkel berechnet werden soll, „weg zeigen" oder beide „hin zeigen".

Sind z.B. die Punkte A(1; 2), B(4; 3) und C(3; 5) gegeben und man möchte den Winkel d (an der Ecke A) bestimmen, dann benötigt man die Vektoren $\overrightarrow{AB}$ und $\overrightarrow{AC}$ oder $\overrightarrow{BA}$ und $\overrightarrow{CA}$. Würde man die den Winkel zwischen $\overrightarrow{AB}$ (der von A „weg zeigt") und $\overrightarrow{CA}$ (der zu A „hin zeigt") berechnen, so würde sich $180° - \alpha$ ergeben.

Im **Beispiel** gilt:

$$\overrightarrow{AB} = \overrightarrow{OB} - \overrightarrow{OA} = \begin{pmatrix} 4 \\ 3 \end{pmatrix} - \begin{pmatrix} 1 \\ 2 \end{pmatrix} = \begin{pmatrix} 3 \\ 1 \end{pmatrix}, \text{ analog ergibt sich } \overrightarrow{AC} = \begin{pmatrix} 2 \\ 3 \end{pmatrix}.$$

Damit ist

$$\cos(\alpha) = \frac{\overrightarrow{AB} \cdot \overrightarrow{AC}}{\left|\overrightarrow{AB}\right| \cdot \left|\overrightarrow{AC}\right|} = \frac{3 \cdot 2 + 1 \cdot 3}{\sqrt{3^2 + 1^2} \cdot \sqrt{2^2 + 3^2}} = \frac{9}{\sqrt{10 \cdot 13}}$$

und $\alpha \approx 37{,}87°$.

Aufgaben:
https://mathe-total.de/new15/Aufgaben-Vektorrechnung-Winkel.pdf

1.4 Flächenberechnung

1.4.1 Parallelogramme und Rechtecke

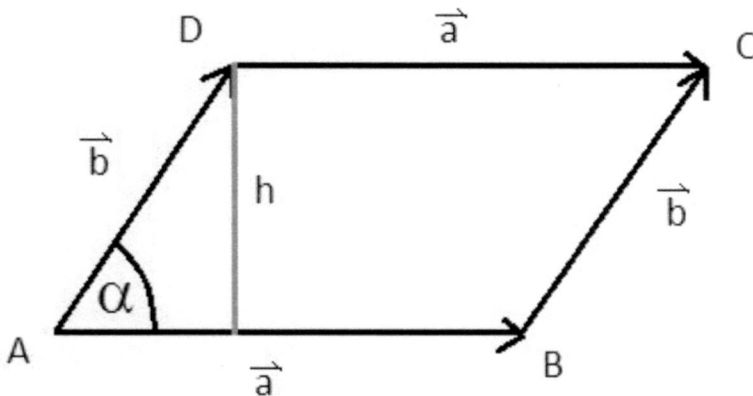

Den Winkel α in der obigen Grafik können wird über die bereits vorgestellte Formel (mit $\vec{a} = \overrightarrow{AB}$ und $\vec{b} = \overrightarrow{AD}$)

$$(1) \qquad \cos(\alpha) = \frac{\vec{a} \cdot \vec{b}}{|\vec{a}| \cdot |\vec{b}|}$$

berechnen. Mit diesem Winkel und der Länge des Vektors $\vec{b}$ kann die Höhe berechnet werden über

$$\sin(\alpha) = \frac{h}{|\vec{b}|},$$

womit $h = |\vec{b}| \cdot \sin(\alpha)$ wäre. Somit gilt für die Fläche des Parallelogramms:

$$A = h \cdot |\vec{a}| = |\vec{a}| \cdot |\vec{b}| \cdot \sin(\alpha)$$

Es gilt $\sin(\alpha) = \sqrt{1 - (\cos(\alpha))^2}$ (für $0 \leq \alpha \leq 180°$), was wir in die Formel oben für die Fläche einsetzen und danach noch (1), womit wir

$$A = |\vec{a}| \cdot |\vec{b}| \cdot \sqrt{1 - \left(\frac{\vec{a} \cdot \vec{b}}{|\vec{a}| \cdot |\vec{b}|}\right)^2} = \sqrt{\left(|\vec{a}| \cdot |\vec{b}|\right)^2 - \left(\vec{a} \cdot \vec{b}\right)^2}$$

erhalten. Das von den Vektoren $\vec{a} = \overrightarrow{AB}$ und $\vec{b} = \overrightarrow{AD}$ aufgespannte Dreieck ABD hätten dann nur die Hälfte der Fläche des Parallelogramms.

Für $\alpha = 90°$ wird das Parallelogramm zum Rechteck und die Fläche ist dann einfach:

$$A = |\vec{a}| \cdot |\vec{b}|$$

Bei einem Parallelogramm im Raum kann die Fläche auch über das Kreuzprodukt bzw. Vektorprodukt bestimmt werden (welches im Kapitel 3.3 noch mal beschrieben wird):

$$A = |\vec{a} \times \vec{b}| \quad \text{mit} \quad \vec{a} \times \vec{b} = \begin{pmatrix} a_1 \\ a_2 \\ a_3 \end{pmatrix} \times \begin{pmatrix} b_1 \\ b_2 \\ b_3 \end{pmatrix} = \begin{pmatrix} a_2 b_3 - a_3 b_2 \\ a_3 b_1 - a_1 b_3 \\ a_1 b_2 - a_2 b_1 \end{pmatrix}$$

Theoretisch könnte diese Formel zur Flächenberechnung auch bei Punkten mit zwei Koordinaten angewendet werden, wenn die dritte Komponenten a_3 und b_3 auf 0 gesetzt werden.

1.4.2 Dreiecke

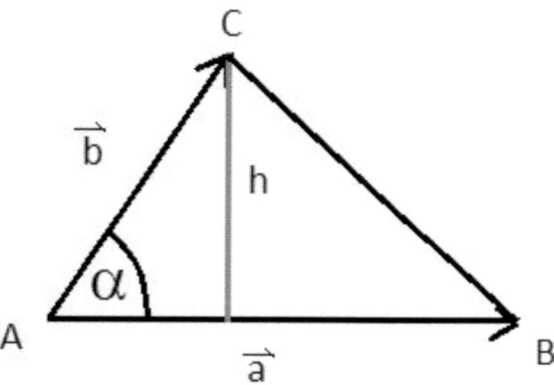

Für die Fläche des Dreiecks mit den Eckpunkten A, B, C gilt (halbe Parallelogrammfläche):

$$A = 1/2 \cdot |\vec{a}| \cdot |\vec{b}| \cdot \sin(\alpha) = 1/2 \cdot \sqrt{\left(|\vec{a}| \cdot |\vec{b}|\right)^2 - \left(\vec{a} \cdot \vec{b}\right)^2}$$

Mit $\vec{a} = \overrightarrow{AB}$ und $\vec{b} = \overrightarrow{AC}$. Oder alternativ: $A = 1/2 \cdot |\vec{a} \times \vec{b}|$

Aufgaben:
https://mathe-total.de/new15b/Aufgaben-Vektorrechnung-Fleachen-Volumen.pdf

1.5 Lineare Unabhängigkeit

Falls sich ein Vektor $\vec{v}$ als Linearkombination der Vektoren $\vec{a}$ und $\vec{b}$ darstellen lässt (d.h. es gilt $\vec{v} = s \cdot \vec{a} + t \cdot \vec{b}$ mit reellen Zahlen s und t), dann wären die drei Vektoren $\vec{v}$, $\vec{a}$ und $\vec{b}$ voneinander abhängig bzw. linear abhängig. Man nennt sie in diesem Fall (falls es sich um Vektoren im Raum bzw. im $\mathbb{R}^3$ handelt) komplanar. Ein einfacherer Fall der linearen Abhängigkeit ist die, dass ein Vektor ein Vielfaches eines anderen ist, z.B. $\vec{v} = s \cdot \vec{a}$, dann nennt man diese beiden Vektoren kollinear.

Beispiele:

1) Die Vektoren

$$\begin{pmatrix} 4 \\ 2 \\ 3 \end{pmatrix}, \begin{pmatrix} 1 \\ 5 \\ 1 \end{pmatrix} \text{ und } \begin{pmatrix} -3 \\ 3 \\ -2 \end{pmatrix} \text{ sind linear abhängig bzw. komplanar, denn}$$

$$\begin{pmatrix} 4 \\ 2 \\ 3 \end{pmatrix} = \begin{pmatrix} 1 \\ 5 \\ 1 \end{pmatrix} - \begin{pmatrix} -3 \\ 3 \\ -2 \end{pmatrix}.$$

2) Die Vektoren

$$\begin{pmatrix} 8 \\ 2 \\ 10 \end{pmatrix} \text{ und } \begin{pmatrix} 4 \\ 1 \\ 5 \end{pmatrix} \text{ sind linear abhängig bzw. kollinear, denn}$$

$$\begin{pmatrix} 8 \\ 2 \\ 10 \end{pmatrix} = 2 \cdot \begin{pmatrix} 4 \\ 1 \\ 5 \end{pmatrix}.$$

3) Lässt sich der Vektor $\vec{v}$ als Linearkombination der Vektoren $\vec{a}$ und $\vec{b}$ darstellen?

$$\vec{v} = \begin{pmatrix} 5 \\ -2 \\ 1 \end{pmatrix}, \vec{a} = \begin{pmatrix} 1 \\ 2 \\ -1 \end{pmatrix} \text{ und } \vec{b} = \begin{pmatrix} 3 \\ -6 \\ 3 \end{pmatrix}.$$

Wir müssen prüfen, ob es reelle Zahlen s und t gibt, so dass

$$\begin{pmatrix} 5 \\ -2 \\ 1 \end{pmatrix} = s \cdot \begin{pmatrix} 1 \\ 2 \\ -1 \end{pmatrix} + t \cdot \begin{pmatrix} 3 \\ -6 \\ 3 \end{pmatrix}$$

gilt. Es ergeben sich drei Gleichungen mit zwei Unbekannten:

(1) $5 = s + 3t$

(2) $-2 = 2s - 6t$

(3) $1 = -s + 3t$

Wir wählen die Gleichungen (1) und (3) aus und lösen diese nach s und t auf. Addiert man (1) und (3), so erhält man $6 = 6t$, womit $t = 1$ wäre. Setzt man $t = 1$ in (1) ein, so ergibt sich $5 = s + 3$, womit $s = 2$ wäre. Nun müssen wir die nicht verwendete Gleichung (2) prüfen und setzen unsere Lösungen für s und t in diese ein: $-2 = 2 \cdot 2 - 6$. Damit ist die Gleichung (2) erfüllt und der Vektor $\vec{v}$ als Linearkombination der Vektoren $\vec{a}$ und $\vec{b}$ darstellen:

$$\begin{pmatrix} 5 \\ -2 \\ 1 \end{pmatrix} = 2 \cdot \begin{pmatrix} 1 \\ 2 \\ -1 \end{pmatrix} + 1 \cdot \begin{pmatrix} 3 \\ -6 \\ 3 \end{pmatrix}$$

Wären hier die Vektoren $\vec{a}$ und $\vec{b}$ Vielfache voneinander gewesen (bzw. kollinear) und der Vektor $\vec{v}$ kein Vielfaches dieser Vektoren, dann könnte man $\vec{v}$ nicht als Linearkombination der Vektoren $\vec{a}$ und $\vec{b}$ darstellen, obwohl alle drei Vektoren zusammen linear abhängig sind, wohl aber beispielsweise $\vec{a}$ als Linearkombination von $\vec{v}$ und $\vec{b}$. Aus diesem Grunde müsste man bei der Überprüfung der lineare Abhängigkeit immer aufpassen, dass die beiden Vektoren, mit denen man die Linearkombination bildet, nicht selbst schon linear abhängig sind, wenn man auf diese Art die lineare Abhängigkeit von drei Vektoren überprüfen wollte. Aus diesem Grund kann man zur Überprüfung der linearen Unabhängigkeit dreier Vektoren auch folgendes prüfen:

Die drei Vektoren $\vec{a}$, $\vec{b}$ und $\vec{c}$ sind genau dann linear unabhängig, wenn die Gleichung

$$r \cdot \vec{a} + s \cdot \vec{b} + t \cdot \vec{c} = \vec{0}$$

nur die Lösung $r = s = t = 0$ hat. Findet man eine weitere Lösung, dann hat diese Gleichung sogar unendliche viele Lösungen und die drei Vektoren wären linear abhängig.

Beispiel:

Gegeben sind die Vektoren

$$\vec{a} = \begin{pmatrix} -2 \\ 2 \\ -1 \end{pmatrix}, \vec{b} = \begin{pmatrix} 1 \\ 6 \\ -4 \end{pmatrix} \text{ und } \vec{c} = \begin{pmatrix} 5 \\ 2 \\ -2 \end{pmatrix}.$$

Sind diese Vektoren linear abhängig?

Wir prüfen, ob die Gleichung

$$r \cdot \begin{pmatrix} -2 \\ 2 \\ -1 \end{pmatrix} + s \cdot \begin{pmatrix} 1 \\ 6 \\ -4 \end{pmatrix} + t \cdot \begin{pmatrix} 5 \\ 2 \\ -2 \end{pmatrix} = \begin{pmatrix} 0 \\ 0 \\ 0 \end{pmatrix}$$

nur eine Lösung (hier wären die Vektoren linear unabhängig) oder unendlich viele hat.

Also ergeben sich drei Gleichungen mit drei Unbekannten:

(1) $-2r + s + 5t = 0$

(2) $2r + 6s + 2t = 0$

(3) $-r - 4s - 2t = 0$

(1) + (2) ergibt:

(4) $7s + 7t = 0$

(2) + 2·(3) ergibt:

(5) $-2s - 2t = 0$

(4)/7 + (5)/2 ergibt $0 = 0$. Somit sind die Vektoren abhängig und es gibt unendlich viele Lösungen, denn die beiden Gleichung (4) und (5) sind nur Vielfache voneinander.

Sucht man weiter nach Lösungen, so folgt aus (4) bzw. (5) nur, dass $s = -t$ ist. Setzt man dies z.B. in (3) ein, ergibt sich $-r + 4t - 2t = 0$, womit $r = 2t$ ist. Für jedes t aus den reellen Zahlen gibt es somit eine Lösung. Z.B. für $t = 1$ wäre $s = -1$ und $r = 2$.

Bemerkungen:
Beim Lösen des Gleichungssystems wurden aus den drei Gleichungen mit drei Unbekannten zunächst zwei Gleichungen mit zwei Unbekannte – durch die Elimination einer Variablen – bestimmt. Auf diese Art könnte man Gleichungen mit beliebig vielen Unbekannten lösen. Ein bekanntes Verfahren zum Lösen von linearen Gleichungssystemen ist der Gauß-Algorithmus. Diesen wollen wir kurz im **Beispiel** anwenden:

Beim Gauß-Algorithmus schreibt man nur die Koeffizienten des Gleichungssystems (bestehend aus den Zeilen (1), (2) und (3)) in ein Tableau:

r	s	t	rechte Seite
-2	1	5	0
2	6	2	0
-1	-4	-2	0

Die rechte Seite können wir in unserem Beispiel auch weglassen, da sie nur aus Nullen besteht und somit ein homogenes Gleichungssystem vorliegt. Wir vertauschen nun die erste mit der dritten Zeile, wobei wir zusätzlich die dritte Zeile mit (-1) multiplizieren:

r	s	t
1	4	2
2	6	2
-2	1	5

Nun eliminieren wir r in der zweiten und dritten Zeile. D.h., wir addieren Vielfache der ersten Zeile zu den anderen beiden Zeilen, so dass in der ersten Spalte unterhalb der ersten Zeile Nullen stehen. Deshalb hatten wir die Zeilen so vertauscht, dass oben links eine 1 steht, so dass wir jeweils nur die erste Zeile multiplizieren müssen. Wir hätten natürlich auch vor dem Vertauschen die erste Zeile durch (-2) dividieren können, was dann aber zu Brüchen geführt hätte.

Wir addieren das (-2)-fache der ersten Zeile zur zweiten und das 2-fache der ersten Zeile zur dritten:

r	s	t
1	4	2
0	-2	-2
0	9	9

Addiert man nun das 9-fache der zweiten Zeile zum 2-fachen der dritten Zeile, so ergibt sich das folgende Tableau:

r	s	t
1	4	2
0	-2	-2
0	0	0

Da eine Zeile nur mit Nullen entstanden ist, sehen wird, dass die Vektoren linear abhängig waren (das Gleichungssystem hat damit unendlich viele Lösungen). Den Gauß-Algorithmus kann man allgemein bei linearen Gleichungssystemen verwenden (siehe nächstes Kapitel).

2) Im $\mathbb{R}^3$ sind immer mehr als drei Vektoren voneinander abhängig (da der $\mathbb{R}^3$ dreidimensional ist) und im $\mathbb{R}^2$ immer mehr als zwei Vektoren. D.h., dass die Vektoren

$$\begin{pmatrix} 1 \\ 0 \end{pmatrix}, \begin{pmatrix} 0 \\ 1 \end{pmatrix} \text{ und } \begin{pmatrix} 4 \\ 5 \end{pmatrix}$$

automatisch abhängig sind, was man hier auch einfach sieht.

1.6 Lösen linearere Gleichungssysteme mit dem Gauß-Algorithmus

Bereits im vorhergehenden Kapitel haben wir gezeigt, wie man den Algorithmus von Gauß zum Lösen von linearen Gleichungssystemen anwenden kann. Hier sollen weitere Beispiele vorgeführt werden. Wir verwenden unten das Tableau, es könnte aber auch ohne dieses Tableau analog vorgegangen werden, was wir auch in den Lösungen des ersten unten angegeben Aufgabenblattes sehen. Da wir gleich die ersten beiden Gleichungen vertauschen, wurde dies bereits in der Nummerierung berücksichtigt.

Beispiel:

$$(2) \quad 2x - 3y + 2z = 2$$

$$(1) \quad x - y + 3z = 8$$

$$(3) \quad -3x + 2y + 2z = 7$$

Wir tragen die Koeffizienten des Gleichungssystems in das Tableau ein, wobei wir die ersten beiden Gleichungen bzw. Zeilen vertauschen, was in diesem Fall das eliminieren von x vereinfacht (hier muss dann nur die erste Zeile vervielfacht werden und zu einer anderen addiert werden, denn vor x steht hier der Faktor 1):

x	y	z	rechte Seite
1	-1	3	8
2	-3	2	2
-3	2	2	7

Nun können wir das (-2)-fache der ersten Zeile zur zweiten Zeile und das 3-fache der ersten Zeile zur dritten Zeile addieren und erhalten unter der ersten Zeile in der Spalte für x nur Nullen:

x	y	z	rechte Seite
1	-1	3	8
0	-1	-4	-14
0	-1	11	31

Ohne Tableau würden es wie folgt aussehen:

$$(1) \quad x - y + 3z = 8$$

$$(2') \quad -y - 4z = -14$$

$$(3') \quad -y + 11z = 31$$

Wir könnten auch eine Nebenrechnung verwenden (als Beispiel für die Berechnung der dritten Zeile):

$$
\begin{array}{lll}
3\cdot(1) & 3x - 3y + 9z = 24 & \\
\underline{(3)} & \underline{-3x + 2y + 2z = 7} & \underline{(+)} \\
(3') & -y + 11z = 31 &
\end{array}
$$

Wir machen weiter und bestimmen das nächste Tableau. Jetzt addieren wir das (-1)-fache der zweiten Zeile zur dritten, wobei wir y in der dritten Zeile eliminieren:

x	y	z	rechte Seite
1	-1	3	8
0	-1	-4	-14
0	0	15	45

Somit wäre $15z = 45$ und $z = 3$. Setzen wir $z = 3$ in die zweite Zeile des umgeformten Gleichungssystem ein, so ergibt sich $-y - 4 \cdot 3 = -14$, womit $y = 2$ ist. Nun können wir die Lösungen für z und y in die ersten Zeile einsetzen und erhalten $x - 2 + 3 \cdot 3 = 8$, womit $x = 1$ ist.

Somit haben wir die Lösung $\mathbb{L} = \{(1; 2; 3)\}$ gefunden.

Bemerkung:
Hätte sich als letztes Tableau

x	y	z	rechte Seite
1	-1	3	8
0	-1	-4	-14
0	0	0	45

ergeben, so gäbe es keine Lösung ($\mathbb{L} = \{\}$).

Hätte sich als letztes Tableau dagegen

x	Y	z	rechte Seite
1	-1	3	8
0	-1	-4	-14
0	0	0	0

ergeben, so gäbe es unendlich viele Lösungen. Man könnte z auf einen Parameter $z = t$ setzen und dann in die zweite Zeile einsetzen: $-y - 4t = -14$. Damit wäre $y = 14 - 4t$. Dies in die erste Gleichung eingesetzt (und $z = t$) liefert $x - (14 - 4t) + 3t = 8$, somit $x = 22 - 7t$ ist und wir haben die Lösungsmenge $\mathbb{L} = \{(22 - 7t; 14 - 4t; t) \mid t \in \mathbb{R}\}$ gefunden. Grafisch gesehen ist dies eine Gerade im Raum.

Es folgt ein weiteres **Beispiel** mit einem Parameter a:

$$(1) \quad 2x - y = 8$$

$$(2) \quad 3x + ay = 4$$

Hier ist die Frage: Wie muss a gewählt werden, damit das Gleichungssystem eindeutig lösbar ist?

Wir übertragen das Gleichungssystem in das Tableau:

x	y	rechte Seite
2	-1	8
3	a	4

Wir addieren das (-3)-fache der ersten Zeile zum 2-fachen der zweiten Zeile und schreiben das Ergebnis in die zweite Zeile:

x	y	rechte Seite
2	-1	8
0	3+2a	-16

Damit ist $(3+2a) \cdot z = -16$. Wenn $3 + 2a \neq 0$ ist, d.h. wenn $a \neq -3/2$ ist, dann gibst es genau eine Lösung. Wenn $a = -3/2$ wäre, dann würde sich $0 = -16$ ergeben, womit wir keine Lösung hätten.

Aufgaben:
https://mathe-total.de/new15/weitere-Aufgaben-Lineare-Gleichungssysteme.pdf
https://mathe-total.de/new/3-Faelle-bei-LGS.pdf
https://mathe-total.de/new/Aufgabe-Anwendung-LGS.pdf

2 Geraden

2.1 Geradengleichung

Betrachten wir als **Beispiel** den Vektor

$$\vec{v} = \begin{pmatrix} 1 \\ 2 \end{pmatrix},$$

so ergibt sich durch die Bildung aller möglichen Vielfachen dieses Vektors

$$g: \vec{x} = t \cdot \vec{v} \ \text{(für } t \in \mathbb{R})$$

eine Gerade g durch den Ursprung in Richtung des Vektors $\vec{v}$ (der deshalb auch Richtungsvektor genannt wird).

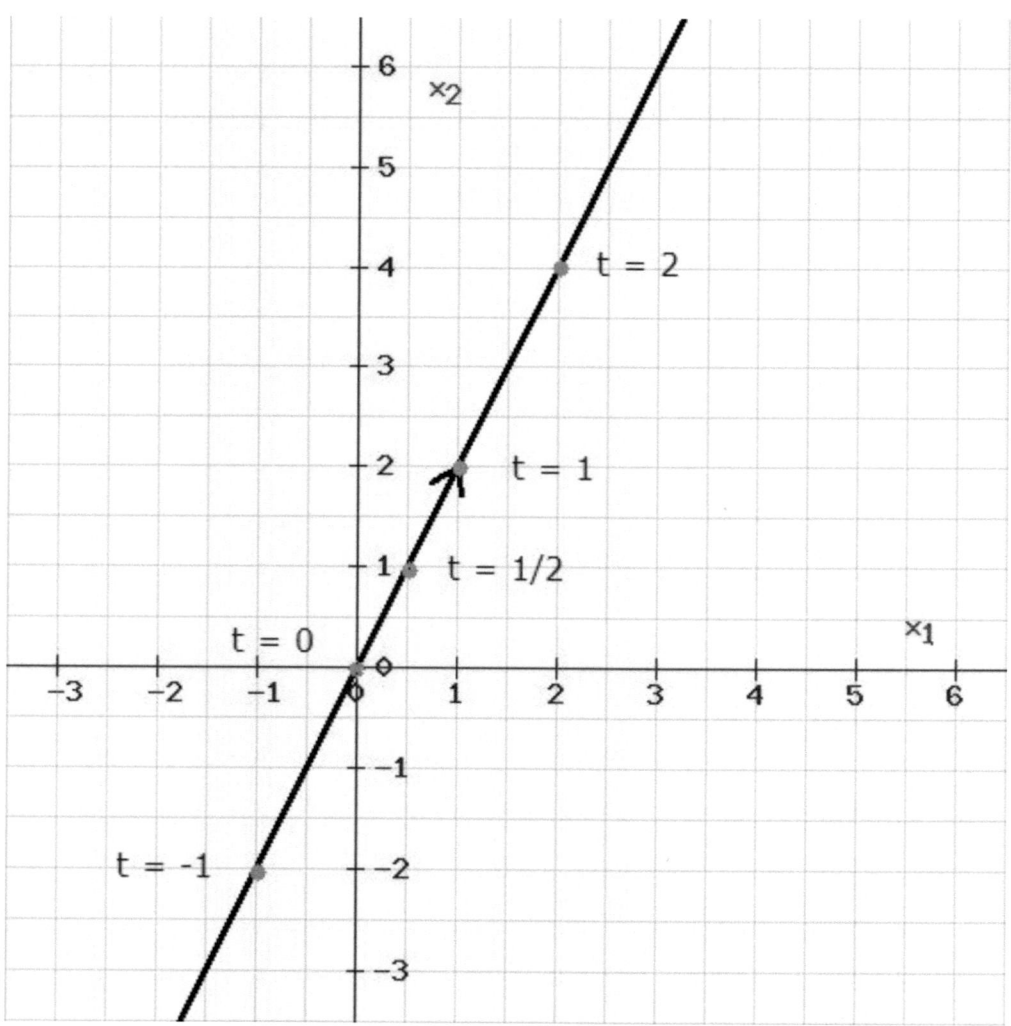

Für jedes t, das eingesetzt wird, ergibt sich der Ortsvektor eines Punktes auf der Geraden. Markiert sind in der obigen Grafik die Punkte, die sich für t = -1, t = 0, t = ½, t = 1 und t = 2 ergeben. Soll diese Gerade nicht durch den Ursprung gehen, sondern durch einen Punkt, z.B. P(0; 1), dann wäre durch

$$h: \vec{x} = \overrightarrow{OP} + t \cdot \vec{v} = \begin{pmatrix} 0 \\ 1 \end{pmatrix} + t \cdot \begin{pmatrix} 1 \\ 2 \end{pmatrix} \text{ (für } t \in \mathbb{R})$$

eine Gleichung einer Geraden (in Parameterform) gegeben, die parallel zu g wäre und durch den Punkt P verläuft. $\overrightarrow{OP}$ ist ein so genannter Stützvektor der Geraden. Für t = 0 ergibt sich direkt der Ortsvektor des „Stützpunktes" P.

Dies ist aber nur eine mögliche Darstellung der Geraden h. Wir könnten einen beliebigen anderen Stützvektor wählen, der Ortsvektor eines Punktes Q der Geraden h ist und beispielsweise ein Vielfaches des Richtungsvektors (außer das Nullfache).

Wählen wir z.B. mal t = 1, so ergibt sich durch

$$\overrightarrow{OQ} = \begin{pmatrix} 0 \\ 1 \end{pmatrix} + 1 \cdot \begin{pmatrix} 1 \\ 2 \end{pmatrix} = \begin{pmatrix} 1 \\ 3 \end{pmatrix}$$

ein solcher Ortsvektor, d.h. Q(1; 3) liegt auf der Geraden h. Nun wäre durch

$$h: \vec{x} = \begin{pmatrix} 1 \\ 3 \end{pmatrix} + t \cdot \begin{pmatrix} 2 \\ 4 \end{pmatrix} \text{ (für } t \in \mathbb{R})$$

auch eine Parameterdarstellung derselben Gerade h gegeben (wir haben als Beispiel den ursprünglichen Richtungsvektor mit 2 multipliziert). Wie man sieht, gibt es nicht nur eine Geradengleichung in Parameterform, sondern unendlich viele derselben Geraden.

Nun wollen wir eine Parameterform einer Geraden durch die Punkte A(2; 1) und B(4; 3) verläuft bestimmen. Einen Richtungsvektor erhält man hier durch $\overrightarrow{AB}$. Somit wäre eine Parameterdarstellung durch

$$g: \vec{x} = \overrightarrow{OA} + t \cdot \overrightarrow{AB} \text{ (für } t \in \mathbb{R})$$

gegeben, wobei, wie bereits gezeigt, $\overrightarrow{AB} = \overrightarrow{OB} - \overrightarrow{OA}$ gilt. Im Folgenden gilt bei Geraden als auch für Ebenengleichungen in Parameterform immer, dass die Parameter t (oder auch r oder s) reelle Zahlen sind, wobei dann nicht mehr explizit darauf hingewiesen wird. Welcher Buchstabe als Parameter verwendet wird, spielt hier natürlich Rolle. Ich habe schon Schulen gesehen, da wurden griechische Buchstaben verwendet: $g: \vec{x} = \overrightarrow{OA} + \mu \cdot \overrightarrow{AB}$

Wir könnten natürlich auch $\overrightarrow{BA}$ als Richtungsvektor verwenden, die obige Darstellung von g hat aber den Vorteil, dass wir für t = ½ den Mittelpunkt M zwischen A und B erhalten und für Werte von t zwischen 0 und 1 erhalten wir Ortsvektoren von Punkten auf der Geraden zwischen A und B. Für t = 1 erhalten wir den Ortsvektor $\overrightarrow{OB}$ von B.

Im **Beispiel**:

$$g: \vec{x} = \begin{pmatrix} 2 \\ 1 \end{pmatrix} + t \cdot \begin{pmatrix} 4-2 \\ 3-1 \end{pmatrix} = \begin{pmatrix} 2 \\ 1 \end{pmatrix} + t \cdot \begin{pmatrix} 2 \\ 2 \end{pmatrix}$$

Wie man sieht, ergibt sich bei dieser Darstellung für t = 0 der Ortsvektor von A, für t = 1 der Ortsvektor von B und z.B. für t = ½ der Ortsvektor des Mittelpunkts von A und B.

Alles, was wir bisher im $\mathbb{R}^2$ angewendet haben, geht – wie beschrieben – analog im $\mathbb{R}^3$.

Beispiel für eine Punktprobe:

Es soll geprüft werden, ob der Punkt P(1; -2; 4) auf der Geraden

$$g: \vec{x} = \begin{pmatrix} 2 \\ 1 \\ -2 \end{pmatrix} + t \cdot \begin{pmatrix} -1 \\ -3 \\ 1 \end{pmatrix}$$

liegt:

$$\begin{pmatrix} 1 \\ -2 \\ 4 \end{pmatrix} = \begin{pmatrix} 2 \\ 1 \\ -2 \end{pmatrix} + t \cdot \begin{pmatrix} -1 \\ -3 \\ 1 \end{pmatrix}$$

Es ergeben sich drei Gleichungen:

$$1 = 2 - t$$

$$-2 = 1 - 3t$$

$$4 = -2 + t$$

Die erste Gleichung ergibt t = 1, die zweite t = 1 und die dritte t = 6. Somit liegt der Punkt P nicht auf der Geraden g. Es müsste sich bei jeder Gleichung derselbe Wert für t ergeben, damit der Punkt P auf der Geraden g liegt.

Aufgaben:
https://mathe-total.de/new15/Vektorrechnung-neue-elementare-Aufgaben-Geraden.pdf
(Aufgaben 1) und 2))
https://mathe-total.de/new-x/Aufgabe-Vektorrechnung.pdf (Aufgabe a))
https://mathe-total.de/Buecher/mathe-total-pdfs/Aufgaben-zur-Vektorrechnung.pdf
(Aufgaben 1 bis 3))

2.2 Lagebeziehung zwischen Geraden, Schnittpunkt, Schnittwinkel

Bei Geraden im $\mathbb{R}^3$ gibt es 4 mögliche Lagebeziehungen, statt nur die bekannten 3 Möglichkeiten von Geraden in der reellen Ebene $\mathbb{R}^2$: Es kann (genau) einen Schnittpunkt geben, die Geraden können identisch sein (was bei der Parameterform i.A. nicht direkt gesehen werden kann), sie können echt parallel sein (d.h. parallel und nicht identisch) oder windschief (d.h. sie sind nicht parallel, schneiden sich aber trotzdem nicht). Im Zweidimensionalen gibt es kein „windschief". Wir vergleichen die beiden Geraden

$$\text{g: } \vec{x} = \vec{a} + t \cdot \vec{v} \quad \text{und h: } \vec{x} = \vec{b} + s \cdot \vec{w} \; .$$

Sind die beiden Richtungsvektoren identisch oder allgemein Vielfache voneinander (also kollinear), d.h. es gilt

$$\vec{w} = r \cdot \vec{v} \; ,$$

dann sind die beiden Geraden g und h parallel. Wenn nun zusätzlich

$$\vec{b} = \vec{a} + t \cdot \vec{v}$$

gilt, so sind die beiden Geraden **identisch**, andernfalls sind sie **echt parallel**.

Sind die Richtungsvektoren keine Vielfachen voneinander, dann können die beiden Geraden genau einen Schnittpunkt haben oder windschief sein. Um zu prüfen, welcher Fall vorliegt, können wir beide Gleichungen gleichsetzen:

$$\vec{a} + t \cdot \vec{v} = \vec{b} + s \cdot \vec{w}$$

Hier ergeben sich drei Gleichungen mit den zwei Unbekannten s und t. Nun können wir zwei Gleichungen auswählen, nach s und t auflösen und danach prüfen, ob auch die Gleichung, die nicht verwendet wurde, ebenfalls erfüllt ist (indem man die für s und t gefundene Lösung in diese einsetzt). Ergibt sich ein Widerspruch (eventuell auch schon beim Lösen am Anfang), so sind die beiden Geraden **windschief**. Im anderen Fall **gibt es einen Schnittpunkt**, den wir erhalten, wenn wir die Lösung für s in die Gleichung von h einsetzen oder wenn wir die Lösung für t in die Gleichung für g einsetzen.

Beispiele:
1) Wie ist die Lagebeziehung zwischen den beiden Geraden

$$\text{g: } \vec{x} = \begin{pmatrix} 1 \\ 2 \\ 1 \end{pmatrix} + t \cdot \begin{pmatrix} 3 \\ 1 \\ 1 \end{pmatrix} \quad \text{und h: } \vec{x} = \begin{pmatrix} -5 \\ 0 \\ -1 \end{pmatrix} + s \cdot \begin{pmatrix} 6 \\ 2 \\ 2 \end{pmatrix} \; ?$$

Zunächst betrachten wir die beiden Richtungsvektoren. Hier ist zu erkennen, dass diese Vielfache voneinander sind (d.h. sie sind kollinear):

$$2 \cdot \begin{pmatrix} 3 \\ 1 \\ 1 \end{pmatrix} = \begin{pmatrix} 6 \\ 2 \\ 2 \end{pmatrix}$$

Somit sind die beiden Geraden parallel oder sogar identisch. Nun prüfen wir, ob diese auch identisch sind. Wenn diese identisch sind, dann müssen alle Punkte, die auf der einen Geraden liegen, auch auf der anderen liegen. Da die obigen Geraden g und h bereits die gleiche Richtung haben, müssen wir dies nur für einen Punkt prüfen. Wir prüfen nun, ob der Stützvektor der Geraden h ein Ortsvektor eines Punktes von g ist:

$$\begin{pmatrix} -5 \\ 0 \\ -1 \end{pmatrix} = \begin{pmatrix} 1 \\ 2 \\ 1 \end{pmatrix} + t \cdot \begin{pmatrix} 3 \\ 1 \\ 1 \end{pmatrix}$$

Es ergibt sich, in Analogie zur Punktprobe, $t = -2$. Somit sind die beiden Geraden identisch.

2) Wie ist die Lagebeziehung zwischen den beiden Geraden

$$g: \vec{x} = \begin{pmatrix} 0 \\ 1 \\ 1 \end{pmatrix} + t \cdot \begin{pmatrix} 1 \\ 2 \\ 1 \end{pmatrix} \quad \text{und h:} \ \vec{x} = \begin{pmatrix} 1 \\ 6 \\ 1 \end{pmatrix} + s \cdot \begin{pmatrix} 1 \\ -1 \\ 2 \end{pmatrix} \ ?$$

Die Richtungsvektoren sind keine Vielfachen, womit die beiden Geraden weder parallel noch identisch sein können. Wir setzen beide Gleichungen gleich, womit sich 3 Gleichungen für 2 Unbekannte ergeben:

(1) $\quad t = 1 + s$

(2) $\quad 1 + 2t = 6 - s$

(3) $\quad 1 + t = 1 + 2s$

Nun kann man zwei Gleichungen auswählen, diese nach s und t auflösen und dann prüfen, ob auch die nicht ausgewählte Gleichung erfüllt ist. Hier müssen wir darauf achten, dass die ausgewählten Gleichungen nicht identisch oder äquivalent sind, sonst müssen wir zwei andere Gleichungen auswählen. Wir wählen die Gleichungen (1) und (2) aus und addieren diese, um s zu eliminieren:

$$1 + 3t = 7$$

Somit ist $t = 2$. Eingesetzt in (1) ergibt sich $s = 1$. Nun überprüfen wir, ob die dritte Gleichung, die wir bisher nicht verwendet haben, erfüllt ist:

$$1 + 2 = 1 + 2$$

Diese ist somit erfüllt, womit sich die beiden Geraden scheiden. Wenn der Schnittpunkt zu bestimmen ist, dann können wir $t = 2$ in die Gleichung für g oder $s = 1$ in die Gleichung für h einsetzen (was wir nun tun) und wir erhalten

$$\overrightarrow{OS} = \begin{pmatrix} 1 \\ 6 \\ 1 \end{pmatrix} + 1 \cdot \begin{pmatrix} 1 \\ -1 \\ 2 \end{pmatrix} = \begin{pmatrix} 2 \\ 5 \\ 3 \end{pmatrix}, \text{ womit } S(2; 5; 3) \text{ der Schnittpunkt ist.}$$

Hätte sich bei der Überprüfung der dritten Gleichung ein Widerspruch (z.B. 3 = 4) ergeben, dann wären die beiden Geraden windschief gewesen. So ein Widerspruch könnte sich auch gleich am Anfang bei einer (oder mehreren) der drei Gleichungen (1) bis (3) ergeben, dann hätten wir gar keine Rechenschritte durchführen müssen.

Bestimmung des Schnittwinkels:

Um den Schnittwinkel zweier sich schneidenden Geraden g: $\vec{x} = \vec{a} + t \cdot \vec{v}$ und h: $\vec{x} = \vec{b} + s \cdot \vec{w}$ bestimmen zu können, muss man den Winkel zwischen den Richtungsvektoren $\vec{v}$ und $\vec{w}$ bestimmen. Da sich, je nachdem wie die Richtungsvektoren stehen, auch ein Winkel α größer als 90° zwischen den Richtungsvektoren ergeben (siehe nächste Grafik) kann und in der Regel immer der kleinere der beiden Nebenwinkel (die zusammen 180° ergeben) als Schnittwinkel angegeben wird, geben wir in diesem Fall $\varphi = 180° - \alpha$ als Schnittwinkel an oder wir verwenden den Betrag des Skalarproduktes bei der Winkelberechnung (womit wir automatisch einen Winkel kleiner oder gleich 90° erhalten).

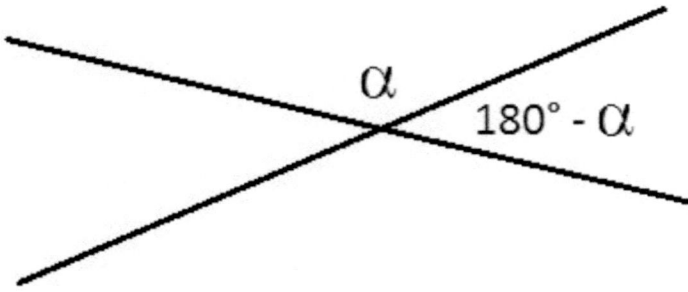

Für den Schnittwinkel m gilt:

$$\cos(\varphi) = \frac{|\vec{v} \cdot \vec{w}|}{|\vec{v}| \cdot |\vec{w}|}$$

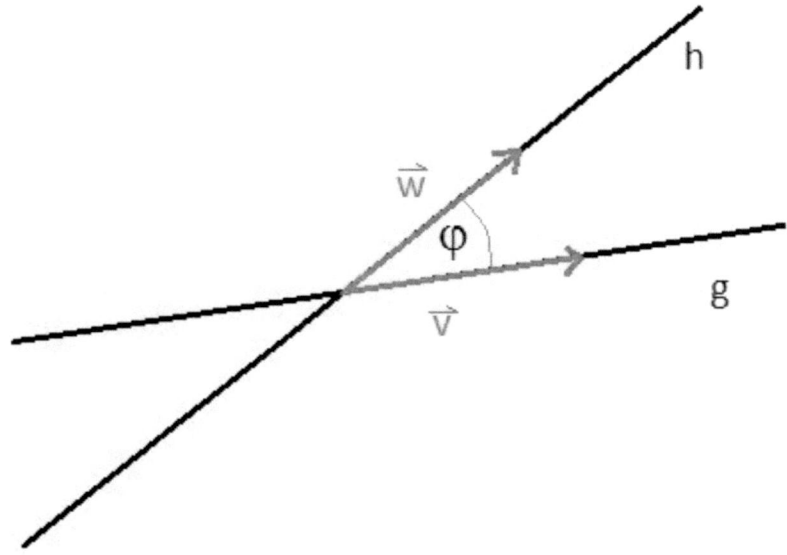

Aufgaben:
https://mathe-total.de/Buecher/mathe-total-pdfs/Aufgaben-zur-Linearen-Algebra-mit-Schwerpunkt-auf-Lagebeziehungen.pdf (Aufgaben 1) bis 3))
https://mathe-total.de/Buecher/mathe-total-pdfs/Aufgaben-zur-Vektorrechnung.pdf (Aufgabe 7))

2.3 Abstand Punkt / Gerade

Gesucht ist der Abstand des Punktes P von der Geraden g: $\vec{x} = \vec{a} + t \cdot \vec{v}$.
Bei dieser Aufgabe geht man wie folgt vor: Man benötigt zunächst den Fußpunkt F des Lotes von P auf der Geraden g. Für den Fußpunkt gilt, dass

$$\overrightarrow{PF} \cdot \vec{v} = 0 \text{ ist, bzw. } (\overrightarrow{OF} - \overrightarrow{OP}) \cdot \vec{v} = 0,$$

da man bei der Abstandsbestimmung immer die Länge der Strecke bestimmt, die senkrecht von der Geraden g (beginnend im Punkt F) zum Punkt P verläuft.

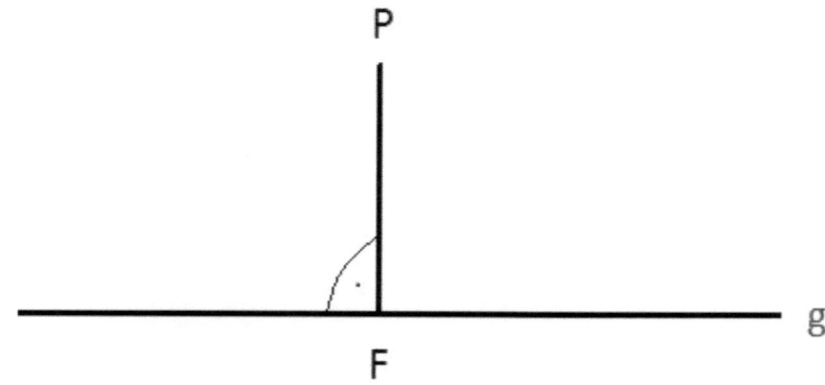

Da F auf der Geraden g liegt, muss es also ein t geben, so dass

$$(\vec{a} + t \cdot \vec{v} - \overrightarrow{OP}) \cdot \vec{v} = 0$$

gilt. Diese Gleichung muss nun nach t aufgelöst und dann die Lösung für t in die Gleichung für g einsetzen werden, womit wir den Lotfußpunkt erhalten. Der Abstand der Geraden g von P ist dann gleich dem Abstand von F und P bzw. gleich $\left|\overrightarrow{PF}\right|$.

Beispiel im $\mathbb{R}^2$:

Gesucht ist der Abstand des Punktes P(6; 3) von der Geraden g: $\vec{x} = \begin{pmatrix} 0 \\ 1 \end{pmatrix} + t \cdot \begin{pmatrix} 1 \\ 2 \end{pmatrix}$. Auf der nächsten Seite ist die Abbildung zu sehen. Mit

$$\left[\begin{pmatrix} 0 \\ 1 \end{pmatrix} + t \cdot \begin{pmatrix} 1 \\ 2 \end{pmatrix} - \begin{pmatrix} 6 \\ 3 \end{pmatrix}\right] \cdot \begin{pmatrix} 1 \\ 2 \end{pmatrix} = 0 \text{ bzw. } \left[\begin{pmatrix} -6 \\ -2 \end{pmatrix} + t \cdot \begin{pmatrix} 1 \\ 2 \end{pmatrix}\right] \cdot \begin{pmatrix} 1 \\ 2 \end{pmatrix} = 0$$

erhalten wir

$$-6 + (-2) \cdot 2 + t + 2t \cdot 2 = 0 \text{ bzw. } -10 + 5t = 0$$

und somit ist t = 2. Eingesetzt in die Gleichung von g ergibt

$$OF = \begin{pmatrix} 0 \\ 1 \end{pmatrix} + 2 \cdot \begin{pmatrix} 1 \\ 2 \end{pmatrix} = \begin{pmatrix} 2 \\ 5 \end{pmatrix} \text{ bzw. F(2; 5).}$$

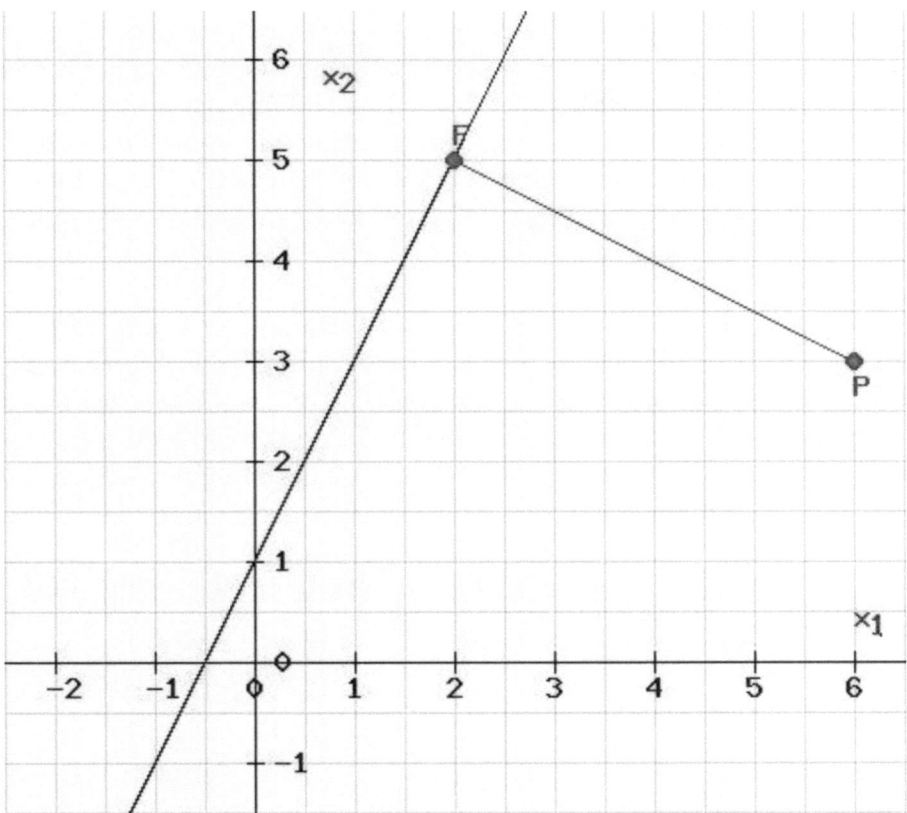

Nun bestimmen wir den Vektor von P zu F:

$$\overrightarrow{PF} = \begin{pmatrix} 2 \\ 5 \end{pmatrix} - \begin{pmatrix} 6 \\ 3 \end{pmatrix} = \begin{pmatrix} -4 \\ 2 \end{pmatrix}$$

Somit ist der Abstand $\left|\overrightarrow{PF}\right| = \sqrt{(-4)^2 + 2^2} = \sqrt{20}$.

Mit $\overrightarrow{PF}$ könnte man auch den Punkt P an der Gerade g spiegeln. Der gespiegelte Punkt P' ergibt sich über:

$$\overrightarrow{OP'} = \overrightarrow{OP} + 2 \cdot \overrightarrow{PF} = \overrightarrow{OF} + \overrightarrow{PF}$$

Aufgabe:
https://mathe-total.de/Buecher/mathe-total-pdfs/Vektorrechnung-Abstaende-mit-Anwendung.pdf (Aufgabe 1a))

2.4 Abstand zweier Geraden

Sind zwei windschiefe Geraden g: $\vec{x} = \vec{a} + s \cdot \vec{v}$ und h: $\vec{x} = \vec{b} + t \cdot \vec{w}$ gegeben, so müssen zunächst die beiden Punkte P_g auf g und P_h auf h bestimmt werden, die den kürzesten Abstand haben (d.h. die beiden Lotfußpunkte), indem das Gleichungssystem

$$(1)\ \vec{v} \cdot \left(\vec{a} + s \cdot \vec{v} - \left(\vec{b} + t \cdot \vec{w}\right)\right) = 0$$
$$(2)\ \vec{w} \cdot \left(\vec{a} + s \cdot \vec{v} - \left(\vec{b} + t \cdot \vec{w}\right)\right) = 0$$

nach s und t aufgelöst wird und diese Werte in die Gleichung für g und h eingesetzt werden. Hier ergeben sich dann zwei Punkte, deren Abstand P_h und P_g gleich dem Abstand der beiden Geraden ist. Das Vorgehen entspricht dem bei der Bestimmung des Abstandes eines Punktes von einer Geraden, nur dass wir hier zwei Lotfußpunkte bestimmen müssen. Eine weitere Möglichkeit der Abstandsbestimmung bei windschiefen Geraden wird unter http://www.mathe-total.de/Aufgabenblaetter/Abstand-zweier-windschiefer-Geraden.pdf beschrieben.

Bei parallelen Geraden g und h (hier ist $\vec{v}$ Vielfaches von $\vec{w}$) geht diese nicht, da es unendlich viele dieser Punkte P_g und P_h gibt und somit das Gleichungssystem nicht eindeutig lösbar ist. Hier kann man einfach, wie bei der Berechnung des Abstandes eines Punktes von einer Geraden, vorgehen. Man setzt z.B. in die Gleichung der Geraden g für s = 0 ein und erhält den Ortsvektor eines Punktes, dessen Abstand zu h bestimmt werden kann.

Aufgaben:
https://mathe-total.de/Buecher/mathe-total-pdfs/Vektorrechnung-Abstaende-mit-Anwendung.pdf (Aufgabe 1b) und 2))

2.5 Spurpunkte

Die Spurpunkte einer Geraden im Raum sind die Schnittpunkte der Geraden mit den Koordinatenebenen.

Beispiel:

$$g:\ \vec{x} = \begin{pmatrix} 1 \\ 2 \\ 1 \end{pmatrix} + t \cdot \begin{pmatrix} -1 \\ 1 \\ 1 \end{pmatrix}$$

Der Schnittpunkt von g mit der x-y-Ebene ergibt sich, wenn man z = 0 setzt, also wenn

$$0 = 1 + t$$

ist, womit t = -1 ist. Also ergibt sich der Ortsvektor des ersten Spurpunktes S_{xy}:

$$\overrightarrow{OS_{xy}} = \begin{pmatrix} 1 \\ 2 \\ 1 \end{pmatrix} - 1 \cdot \begin{pmatrix} -1 \\ 1 \\ 1 \end{pmatrix} = \begin{pmatrix} 2 \\ 1 \\ 0 \end{pmatrix}, \text{ womit } S_{xy}(2; 1; 0) \text{ ist.}$$

Analog erhält man die anderen beiden Spurpunkte. Setzt man y = 0, so erhalten wir t = -2 und somit Schnittpunkt mit der x-z-Ebene $S_{xz}(3; 0; -1)$ und für x = 0 erhalten wir t = 1 und somit den Schnittpunkt mit der y-z-Ebene $S_{yz}(0; 3; 2)$.

Unten ist ein Ausschnitt der Gerade für t aus dem Intervall [-2;2] zu sehen.

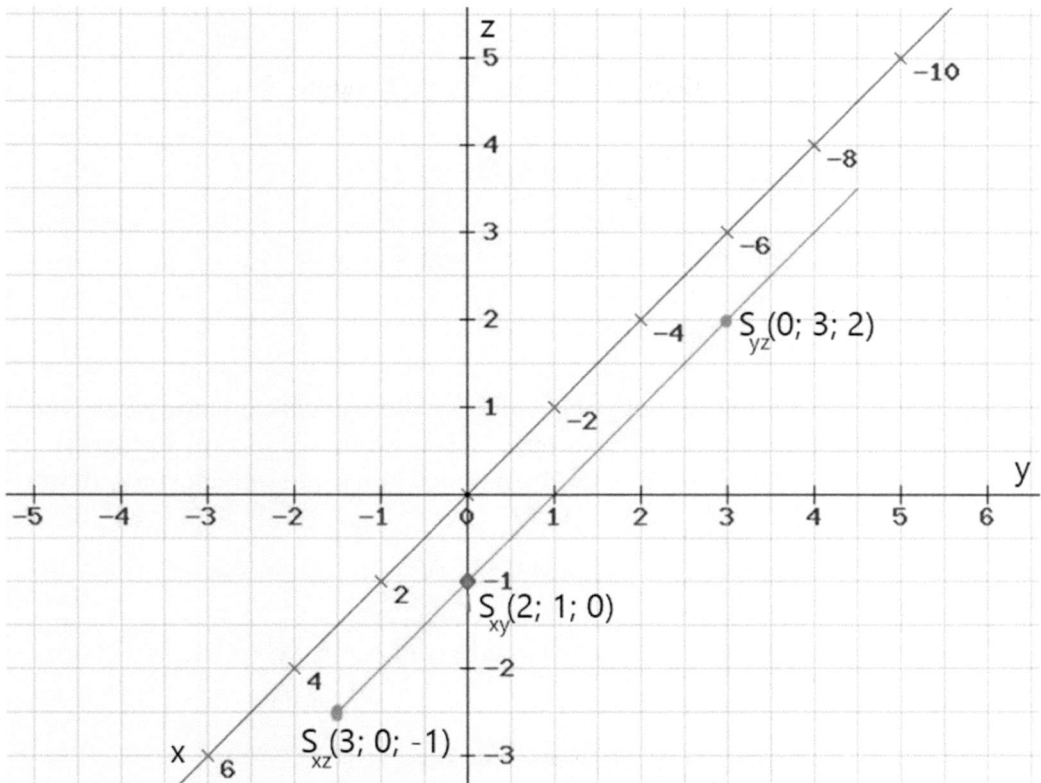

Hier fällt auf, dass wir den dreidimensionalen Raum auf ein Blatt Papier projizieren und damit Information verloren geht, weshalb ich zum Einstieg einige Beispiele im $\mathbb{R}^2$ verwendet habe. Alle Punkte, die in der Blick- bzw. Projektionsrichtung liegen, befinden sich auf dem Blatt an der gleichen Stelle. So könnten wir meinen, S_{xy} läge auf der z-Achse, was nicht der Fall ist. Genauso hat es den Eindruck, als sei die Gerade parallel zur x-Achse, was auch nicht so ist. Hier hätte der Richtungsvektor z.B.

$$\vec{v} = \begin{pmatrix} 1 \\ 0 \\ 0 \end{pmatrix}$$

sein müssen oder ein Vielfaches davon (außer dem Nullfachen). Mit dem Richtungsvektor

$$\vec{w} = \begin{pmatrix} 2 \\ 1 \\ 1 \end{pmatrix}$$

würde die Gerade in unserem Koordinatensystem sogar nur wie ein Punkt aussehen. Es gibt Softwaresysteme, mit denen das Koordinatensystem gedreht und so der Verlauf der Gerade besser gesehen werden kann.

Es kann auch vorkommen, dass nicht alle Koordinatenebenen geschnitten werden, wie bei der folgenden Gerade h, die parallel zur x-Achse verläuft (hier gibt es nur S_{yz}). Es könnte auch eine Gerade in einer Koordinatenebene liegen, wie die Gerade i, die in der x-y-Ebene liegt:

$$h: \vec{x} = \begin{pmatrix} 4 \\ 2 \\ 2 \end{pmatrix} + t \cdot \begin{pmatrix} 1 \\ 0 \\ 0 \end{pmatrix} \qquad\qquad i: \vec{x} = \begin{pmatrix} 1 \\ 2 \\ 0 \end{pmatrix} + t \cdot \begin{pmatrix} 1 \\ 1 \\ 0 \end{pmatrix}$$

Aufgaben:
https://mathe-total.de/new15/Vektorrechnung-neue-elementare-Aufgaben-Geraden.pdf
(Aufgabe 3) und 5a))

3 Ebenen

3.1 Ebenengleichung in Parameterform

Eine Ebenengleichung in Parameterform stellt sich wie folgt dar:

$$E: \vec{x} = \vec{a} + s \cdot \vec{v} + t \cdot \vec{w}$$

Dabei ist $\vec{a}$ der Stützvektor und $\vec{v}$ und $\vec{w}$ sind die Richtungsvektoren, die selbstverständlich linear unabhängig sein müssen, damit sich eine Ebene ergibt. Sind drei Punkte A, B und C einer Ebenen E gegeben, so ergibt sich eine Ebenengleichung in Parameterform durch

$$E: \vec{x} = \overrightarrow{OA} + s \cdot \overrightarrow{AB} + t \cdot \overrightarrow{AC}$$

in Analogie zur Geradengleichung in Parameterform (mit $\overrightarrow{AB} = \overrightarrow{OB} - \overrightarrow{OA}$, $\overrightarrow{AC} = \overrightarrow{OC} - \overrightarrow{OA}$).

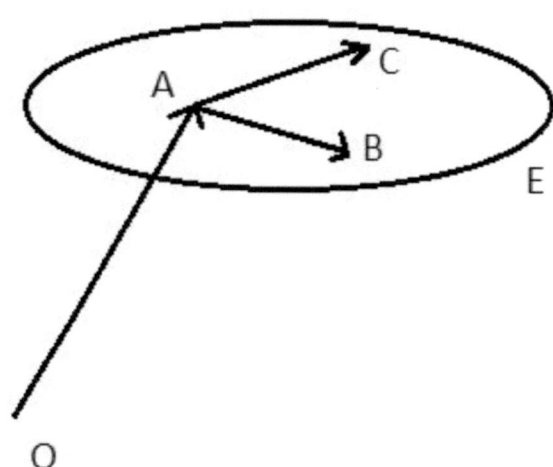

Für $0 \leq s \leq 1$ und $0 \leq t \leq 1$ ergeben sich nur Ortsvektoren von Punkten innerhalb (und auf dem Rand) des Parallelogramms ABCD mit $\overrightarrow{OD} = \overrightarrow{OC} + \overrightarrow{AB}$. Gilt zusätzlich $0 \leq s + t \leq 1$, so ergeben sich nur Ortsvektoren von Punkten innerhalb und auf dem Rand des Dreieck ABC.

Beispiel:
Gesucht ist eine Gleichung der Ebene E durch die Punkte A(1; -2; 2); B(2; 1; -1) und C(4; 1; 2) in Parameterform.

$$E: \vec{x} = \begin{pmatrix} 1 \\ -2 \\ 2 \end{pmatrix} + s \cdot \begin{pmatrix} 2-1 \\ 1-(-2) \\ -1-2 \end{pmatrix} + t \cdot \begin{pmatrix} 4-1 \\ 1-(-2) \\ 2-2 \end{pmatrix} = \begin{pmatrix} 1 \\ -2 \\ 2 \end{pmatrix} + s \cdot \begin{pmatrix} 1 \\ 3 \\ -3 \end{pmatrix} + t \cdot \begin{pmatrix} 3 \\ 3 \\ 0 \end{pmatrix}$$

Aufgabe: https://mathe-total.de/Buecher/mathe-total-pdfs/Aufgaben-zur-Vektorrechnung.pdf (Aufgabe 5a))
https://mathe-total.de/Buecher/mathe-total-pdfs/Aufgaben-zur-Linearen-Algebra-mit-Schwerpunkt-auf-Lagebeziehungen.pdf (Aufgabe 4), nur bzgl. der Parameterform)

3.2 Ebenengleichung in Koordinatenform und Normalform

Eine andere Art der Darstellung einer Ebenengleichung ist die Normalenform. Mit einem Normalenvektor $\vec{n}$, der senkrecht auf einer Ebene steht, ist bereits die Lage einer Ebene festgelegt. Wenn zusätzlich ein Punkt P gegeben ist, der in der Ebene liegt, dann ist die Ebene festgelegt. Für alle Punkte X, die in der Ebene liegen, muss $\overrightarrow{XP}$ orthogonal (senkrecht) zu $\vec{n}$ sein, also gilt:

$$(\overrightarrow{OX} - \overrightarrow{OP}) \cdot \vec{n} = 0$$

Wir bezeichnen nun den Ortsvektor von X mit $\vec{x}$ und den Ortsvektor des gegebenen Punktes P mit $\vec{p}$ und erhalten eine Darstellung einer Ebenengleichung in Normalform:

$$E: (\vec{x} - \vec{p}) \cdot \vec{n} = 0$$

Beispiel:

$$E: \left(\vec{x} - \begin{pmatrix} 1 \\ 2 \\ -1 \end{pmatrix} \right) \cdot \begin{pmatrix} -1 \\ 1 \\ 3 \end{pmatrix} = 0$$

Multipliziert man die obige Normalengleichung aus, so erhält man eine Koordinatengleichung der Ebene:

$$\left(\begin{pmatrix} x_1 \\ x_2 \\ x_3 \end{pmatrix} - \begin{pmatrix} 1 \\ 2 \\ -1 \end{pmatrix} \right) \cdot \begin{pmatrix} -1 \\ 1 \\ 3 \end{pmatrix} = 0 \quad \Leftrightarrow \quad \begin{pmatrix} x_1 \\ x_2 \\ x_3 \end{pmatrix} \cdot \begin{pmatrix} -1 \\ 1 \\ 3 \end{pmatrix} - \begin{pmatrix} 1 \\ 2 \\ -1 \end{pmatrix} \cdot \begin{pmatrix} -1 \\ 1 \\ 3 \end{pmatrix} = 0$$

Somit ergibt sich

$$-x_1 + x_2 + 3x_3 - (-1 + 2 - 3) = 0 \,,$$

womit wir eine Gleichung von E in Koordinatenform erhalten:

$$E: -x_1 + x_2 + 3x_3 = -2$$

Man kann die Komponenten des Vektors $\vec{x}$ auch mit x, y und z bezeichnen:

$$E: -x + y + 3z = -2 \qquad (\text{Es gilt: } E: \vec{x} \cdot \vec{n} = \vec{p} \cdot \vec{n})$$

Alle Punkte P(x; y; z), die die obige Gleichung erfüllen, liegen in der Ebene E.

Diese Darstellung hat gegenüber der Parameterform einige Vorteile. Zum einen kann man hier einfach erkennen, ob zwei Ebenen identisch sind, denn dann wären die Gleichungen nur Vielfache voneinander. Zum anderen kann man hier auch einfacher die Lage der Ebene zu einer Geraden bestimmen oder auch den Abstand eines Punktes zur Ebene.

Beispiel:

Die beiden Ebenen

$$E_1: x - y + 2z = 8 \text{ und } E_2: 2x - 2y + 4z = 16$$

sind identisch, während

$$E_3: 2x - 2y + 4z = 10$$

parallel zu beiden Ebenen E_1 und E_2 ist. Die Ebene

$$E_4: 5x - 2y + 5z = 1$$

wäre weder parallel zu noch identisch mit einer der Ebenen E_1 bis E_3, denn der Normalenvektor

$$\vec{n}_4 = \begin{pmatrix} 5 \\ -2 \\ 5 \end{pmatrix}$$

dieser Ebene ist kein Vielfaches der Normalenvektoren der anderen Ebenen.

In der Parameterform sieht man diese Beziehungen nicht so einfach, denn es könnte der Stützvektor ein beliebiger Ortsvektor eines Punktes der Ebene sein und außerdem könnte man Linearkombinationen der Richtungsvektoren bilden (z.B. 4 mal den erste Richtungsvektor plus 8 mal den zweite Richtungsvektor) und man erhält einen neuen Richtungsvektor derselben Ebene. Dadurch könnten die Gleichungen vollkommen verschieden aussehen und es wären trotzdem dieselben Ebenen.

Nun wollen wir zeigen, wie man die eine Form der Ebene in eine andere umformen kann.

Zunächst hatten wir oben bereits gesehen, dass eine Koordinatenform nur eine ausmultiplizierte Normalform darstellt. Umgekehrt könnte man schnell aus einer Koordinatenform eine Normalform erhalten.

Beispiel:

$$E: 2x - y + z = 4$$

Den Normalenvektor kann man einfach ablesen:

$$\vec{n} = \begin{pmatrix} 2 \\ -1 \\ 1 \end{pmatrix}$$

Einen Punkt in der Ebene E findet man auch schnell, denn dieser muss die Gleichung erfüllen. Setzt man z.B. $y = 0$ und $z = 0$, so ergibt sich $2x = 4$ und $x = 2$. Somit wäre $P(2; 0; 0)$ ein Punkt der Ebene und wir haben eine Normalform von E:

$$E: \left(\vec{x} - \begin{pmatrix} 2 \\ 0 \\ 0 \end{pmatrix} \right) \cdot \begin{pmatrix} 2 \\ -1 \\ 1 \end{pmatrix} = 0$$

3.3 Parameterform in Koordinatenform

Hier gibt es mehrere Möglichkeiten. Es werden 3 Möglichkeiten gezeigt, wobei die dritte die einfachste ist. Da Lehrerinnen und Lehrer oft eine bevorzugen, stelle ich drei vor.

Beispiel:

$$E: \vec{x} = \begin{pmatrix} -1 \\ 1 \\ 2 \end{pmatrix} + s \cdot \begin{pmatrix} 1 \\ -1 \\ 2 \end{pmatrix} + t \cdot \begin{pmatrix} 1 \\ -2 \\ 2 \end{pmatrix}$$

1. Möglichkeit: Mit der Ebenengleichung ergibt sich:

$$(1) \quad x = -1 + s + t$$

$$(2) \quad y = 1 - s - 2t$$

$$(3) \quad z = 2 + 2s + 2t$$

Man kann zwei der obigen Gleichungen (wir wählen (1) und (2)) nach s und t auflösen:

$$(1) + (2) \quad x + y = -t$$

Somit ist $t = -x - y$. In (1) eingesetzt ergibt $x = -1 + s - x - y$ und somit $s = 2x + y + 1$.

Nun setzen wir dies in (3) ein:

$$z = 2 + 2(2x + y + 1) + 2(-x - y)$$

Damit ergibt sich E: $-2x + z = 4$.

2. Möglichkeit:
Der Normalenvektor $\vec{n}$ ist zu den beiden Richtungsvektoren orthogonal. Damit gilt

$$\vec{n} \cdot \begin{pmatrix} 1 \\ -1 \\ 2 \end{pmatrix} = 0 \quad \text{und} \quad \vec{n} \cdot \begin{pmatrix} 1 \\ -2 \\ 2 \end{pmatrix} = 0 \ .$$

Hieraus ergeben sich 2 Gleichungen für 3 Unbekannte:

$$(1) \ n_1 - n_2 + 2n_3 = 0$$

$$(2) \ n_1 - 2n_2 + 2n_3 = 0$$

Damit ist $\vec{n}$ bis auf die Länge festgelegt. Wir eliminieren nun eine Unbekannte, z.B. n_1 durch Subtraktion der beiden Gleichungen. Wir erhalten $n_2 = 0$. Hier sind jetzt gleich 2 Variablen entfallen, was allgemein nicht so ist. Nun können wir eine der anderen beiden Variablen auf einen Wert setzen (nicht auf Null!), z.B. $n_3 = 1$. Falls nicht, wie in diesem Beispiel, gleich zwei Variablen entfallen, dann setzt man in der sich ergebenden Gleichung mit zwei Variablen eine auf einen Wert. Setzen wir nun die Werte für n_2 und n_3 in beispielsweise die Gleichung (1) ein, so ergibt sich $n_1 - 0 + 2 = 0$, womit $n_1 = -2$ ist. Wir haben nun einen Normalenvektor gefunden (einen, da er auch eine andere Länge haben könnte und somit auch Vielfache dieses Vektors Normalenvektoren sind, außer dem Nullfachen):

$$\vec{n} = \begin{pmatrix} -2 \\ 0 \\ 1 \end{pmatrix}$$

Wir verwenden den Stützvektor aus der Parameterform für $\vec{p}$ und stellen eine Normalform auf:

$$E: \left(\vec{x} - \begin{pmatrix} -1 \\ 1 \\ 2 \end{pmatrix} \right) \cdot \begin{pmatrix} -2 \\ 0 \\ 1 \end{pmatrix} = 0$$

Ausmultiplizieren führt zur Koordinatenform:

$$\left(\vec{x} - \begin{pmatrix} -1 \\ 1 \\ 2 \end{pmatrix} \right) \cdot \begin{pmatrix} -2 \\ 0 \\ 1 \end{pmatrix} = 0 \Leftrightarrow \vec{x} \cdot \begin{pmatrix} -2 \\ 0 \\ 1 \end{pmatrix} = \begin{pmatrix} -1 \\ 1 \\ 2 \end{pmatrix} \cdot \begin{pmatrix} -2 \\ 0 \\ 1 \end{pmatrix} \Leftrightarrow -2x + z = 4$$

3. Möglichkeit:

Man geht wie bei der Möglichkeit 2 vor, nur dass man den Normalenvektor $\bar{n}$ über das so genannte Kreuzprodukt bzw. Vektorprodukt der beiden Richtungsvektoren bestimmt.

Das Vektorprodukt ist ein spezielles Produkt zwischen zwei Vektoren, bei dem sich wieder ein Vektor ergibt, der orthogonal zu den beiden ursprünglichen Vektoren ist. D.h. mit

$$\vec{n} = \vec{v} \times \vec{w} = \begin{pmatrix} v_1 \\ v_2 \\ v_3 \end{pmatrix} \times \begin{pmatrix} w_1 \\ w_2 \\ w_3 \end{pmatrix} = \begin{pmatrix} v_2 w_3 - v_3 w_2 \\ v_3 w_1 - v_1 w_3 \\ v_1 w_2 - v_2 w_1 \end{pmatrix}$$

gilt für die Skalarprodukte $\vec{n} \cdot \vec{v} = 0$ und $\vec{n} \cdot \vec{w} = 0$.

Der Normalenvektor $\vec{n}$ ist zu den beiden Richtungsvektoren orthogonal.

Im **Beispiel:**

$$\vec{n} = \begin{pmatrix} 1 \\ -1 \\ 2 \end{pmatrix} \times \begin{pmatrix} 1 \\ -2 \\ 2 \end{pmatrix} = \begin{pmatrix} -2+4 \\ 2-2 \\ -2+1 \end{pmatrix} = \begin{pmatrix} 2 \\ 0 \\ -1 \end{pmatrix}$$

Nun kann man wie bei Möglichkeit 2 vorgehen und die Normalengleichung und dann die Koordinatengleichung bestimmen. Dabei ergibt sich das (-1)-fache der Koordinatengleichung aus Möglichkeit 2, da wir einen Normalenvektor erhalten haben, der das (-1)-fache des Normalenvektors aus Möglichkeit 2 darstellt.

Oder wir bestimmen direkt eine Koordinatengleichung:

Wir setzten den oben bestimmten Normalenvektor in E: $n_1x + n_2y + n_3z = d$ ein:

$$E: 2x - z = d$$

Setzen wir hier einen Punkt der Ebene E ein, z.B. den Stützpunkt vom Stützvektor P(-1; 1; 2), dann erhalten wir d:

$$2 \cdot (-1) - 2 = d \Leftrightarrow d = -4$$

Somit haben wir eine Koordinatengleichung von E: $2x - z = -4$

Aufgaben:
https://mathe-total.de/Buecher/mathe-total-pdfs/Aufgaben-zur-Vektorrechnung.pdf
(Aufgaben 5a) und 5b))
https://mathe-total.de/Aufgabenblaetter/Anwendungsaufgabe-Analytische-Geometrie.pdf
(Aufgabenteil (2))
https://mathe-total.de/Buecher/mathe-total-pdfs/Aufgaben-zur-Linearen-Algebra-mit-Schwerpunkt-auf-Lagebeziehungen.pdf (Aufgabe 4))

3.4 Koordinatenform in Parameterform

Wäre eine Normalform gegeben, so könnte man diese einfach ausmultiplizieren um die Koordinatenform zu erhalten, wie bereits gesehen. Somit brauchen wir nur zu zeigen, wie man eine Koordinatenform in eine Parameterform umwandelt. Es sei als **Beispiel** eine Koordinatenform gegeben:

$$E: 2x - 4y + 2z = 8$$

Nun kann man wie folgt vorgehen. Man löst die Gleichung nach einer Variablen auf, z.B. x:

$$2x = 8 + 4y - 2z$$

$$x = 4 + 2y - z$$

Nun setzt man die anderen beiden Variablen auf Parameter, z.B. y = r und z = s:

$$x = 4 + 2r - s$$

$$y = \quad r$$

$$z = \quad\quad s$$

Damit haben wir bereits eine Parameterform, wir müssen die oberen drei Gleichungen nur in Matrix-Vektor-Form schreiben:

$$E: \quad \bar{x} = \begin{pmatrix} 4 \\ 0 \\ 0 \end{pmatrix} + r \cdot \begin{pmatrix} 2 \\ 1 \\ 0 \end{pmatrix} + s \cdot \begin{pmatrix} -1 \\ 0 \\ 1 \end{pmatrix}$$

Theoretisch hätten wir auch drei Punkte bestimmen können, die die Koordinatengleichung erfüllen und mit diesen dann die Parameterform aufstellen können.

Beispiele zur Beschreibung der Lage einer Ebene:
1)
$$E: z = 0$$

Diese Ebene ist mit der x-y-Ebene identisch, denn z = 0 und x und y sind beliebig. Damit wäre z.B. P(1; 2; 0) ein Punkt dieser Ebene. F: z = 1 wäre eine zu E parallele Ebene. F ist parallel zur x-y-Ebene und hat zu dieser den Abstand 1. Z.B. ist Q(1; 2; 1) ein Punkt dieser Ebene, oder R(0; 0; 1).

2)
$$E: -x + y = 4$$

Bei Punkten dieser Ebene ist die z-Komponente beliebig, nur zwischen der x- und y-Komponente muss die Beziehung –x + y = 4 bestehen. Diese Ebene ist somit parallel zur z-Achse.

3.5 Punktprobe Ebenen

Es soll geprüft werden, ob der Punkt P(3; 10, -2) auf der Ebene mit der Gleichung

$$E: \quad \bar{x} = \begin{pmatrix} 1 \\ 2 \\ 1 \end{pmatrix} + s \cdot \begin{pmatrix} -2 \\ 4 \\ 1 \end{pmatrix} + t \cdot \begin{pmatrix} 2 \\ 2 \\ -2 \end{pmatrix}$$

liegt. Wenn dieser Punkt auf der Ebene E liegt, so gibt es ein s und ein t, so dass

$$\begin{pmatrix} 3 \\ 10 \\ -2 \end{pmatrix} = \begin{pmatrix} 1 \\ 2 \\ 1 \end{pmatrix} + s \cdot \begin{pmatrix} -2 \\ 4 \\ 1 \end{pmatrix} + t \cdot \begin{pmatrix} 2 \\ 2 \\ -2 \end{pmatrix}$$

gilt, bzw.:

$$(1)\ 3 = 1 - 2s + 2t$$

$$(2)\ 10 = 2 + 4s + 2t$$

$$(3)\ -2 = 1 + s - 2t$$

Wir wählen zwei Gleichungen aus, lösen diese nach s und t auf und manchen dann die Probe mit der nicht ausgewählten Gleichung.

Wir wählen hier (2) und (3), denn wenn wir diese addieren, erhalten wir 8 = 3 + 5s, womit s = 1 ist. Einsetzen von s = 1 in (3) ergibt -2 = 1 + 1 – 2t, womit t = 2 ist. Die Probe mit der ersten Gleichung ergibt 3 = 1 – 2 + 4, womit diese erfüllt ist und P in E liegt.

Ist die Ebene in Koordinatenform gegeben, so muss man nur den Punkt in die Ebenengleichung einsetzen und prüfen, ob diese erfüllt ist.

3.6 Schnittpunkt Ebene / Gerade, Schnittwinkel

Bei der Bestimmung eines Schnittpunktes einer Ebene und einer Gerade müssen Ebenengleichung und Geradengleichung gleichgesetzt werden, wenn die Ebene in einer Parameterdarstellung gegeben ist.

Beispiel:
Gegeben sind

$$g:\ \vec{x} = \begin{pmatrix} 1 \\ 0 \\ -6 \end{pmatrix} + r \cdot \begin{pmatrix} 2 \\ -1 \\ 4 \end{pmatrix} \quad \text{und}\quad E:\ \vec{x} = \begin{pmatrix} 2 \\ -2 \\ 1 \end{pmatrix} + s \cdot \begin{pmatrix} -1 \\ 1 \\ 1 \end{pmatrix} + t \cdot \begin{pmatrix} 2 \\ 1 \\ 2 \end{pmatrix}.$$

Nun ergeben sich drei Gleichungen mit drei Unbekannten:

$$(1)\ \ 1 + 2r = 2 - s + 2t$$

$$(2)\ \ \ \ \ \ \ \ -r = -2 + s + t$$

$$(3)\ \ -6 + 4r = 1 + s + 2t$$

Wenn diese Gleichungen nur eine Lösung haben, dann gibt es einen Schnittpunkt, den man erhält, wenn man z.B. die Lösung für r in die Geradengleichung einsetzt. Wenn es unendlich viele Lösungen gibt (es „fällt mindestens eine Gleichung weg" und es ergibt sich z.B. 0 = 0 oder 1 = 1), dann liegt die Gerade in der Ebene. Falls sich ein Widerspruch ergibt (z.B. 0 = 1), dann ist die Ebene parallel zur Geraden. In den beiden letzten Fällen würde sich der

Richtungsvektor der Geraden als Linearkombination der beiden Richtungsvektoren der Ebene darstellen lassen. In unserem Beispiel ergibt sich genau eine Lösung (man kann hier z.B. die erste Gleichung zur zweiten und zur dritten addieren, womit man jeweils eine Gleichung nur mit den Variablen r und t erhält, die man dann lösen kann): $r = 2$, $s = -1$ und $t = 1$. Schnittpunkt ist hier $S(5; -2, 2)$.

Falls die Ebene in Koordinatenform gegeben ist, so kann man die Geradengleichung einsetzen. **Beispiel:**

$$g: \ \vec{x} = \begin{pmatrix} 1 \\ 0 \\ -6 \end{pmatrix} + r \cdot \begin{pmatrix} 2 \\ -2 \\ 4 \end{pmatrix} \quad \text{und E: } 2x + 2y + z = 4$$

Mit der Gleichung von g ergibt sich:

$$x = 1 + 2r$$

$$y = \quad -2r$$

$$z = -6 + 4r$$

In E eingesetzt ergibt sich:

$$2 \cdot (1 + 2r) + 2 \cdot (-2r) - 6 + 4r = 4$$

$$2 + 4r - 4r - 6 + 4r = 4$$

Somit ist $r = 2$ und es gibt einen Schnittpunkt. Wäre r komplett entfallen und es würde sich z.B. $4 = 4$ ergeben, so hätte g in E gelegen. Hätte sich z.B. $0 = 4$ ergeben, so wäre g parallel zu E gewesen. Wir können nun den Schnittpunkt S bestimmen, wenn wir $r = 2$ in die Gleichung für g einsetzen:

$$\overrightarrow{OS} = \begin{pmatrix} 1 \\ 0 \\ -6 \end{pmatrix} + 2 \cdot \begin{pmatrix} 2 \\ -2 \\ 4 \end{pmatrix} = \begin{pmatrix} 5 \\ -4 \\ 2 \end{pmatrix} \Rightarrow S(5; -4; 2)$$

Nun wollen wir noch den Schnittwinkel zwischen der Geraden und der Ebene bestimmen. Hier verwendet man den Richtungsvektor $\vec{v}$ der Geraden und den Normalenvektor $\vec{n}$ der Ebene. Da der Normalvektor senkrecht auf der Ebene steht, kann man den Winkel α zwischen diesen beiden Vektoren über

$$\cos(\alpha) = \frac{\vec{n} \cdot \vec{v}}{|\vec{n}| \cdot |\vec{v}|}$$

bestimmen und dann den Schnittwinkel über $\varphi = |\alpha - 90°|$ berechnen.

Oder wir verwenden hier ausnahmsweise den Sinus und berechnet den Schnittwinkel φ direkt über:

$$\sin(\varphi) = \frac{|\vec{n} \cdot \vec{v}|}{|\vec{n}| \cdot |\vec{v}|}$$

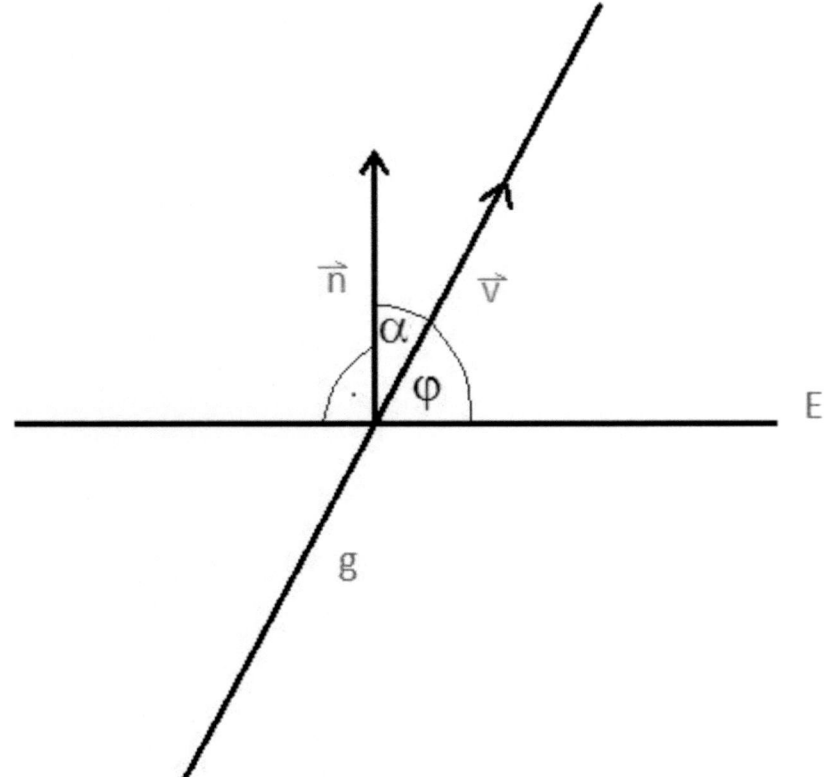

Im **Beispiel:**

$$\vec{v} = \begin{pmatrix} 2 \\ -2 \\ 4 \end{pmatrix}, \ \vec{n} = \begin{pmatrix} 2 \\ 2 \\ 1 \end{pmatrix}, \ \vec{n} \cdot \vec{v} = 4 - 4 + 4 = 4, \ |\vec{n}| = \sqrt{4+4+16} = \sqrt{24}, \ |\vec{v}| = \sqrt{4+4+1} = 3,$$

somit ist $\sin(\varphi) = \dfrac{4}{\sqrt{24} \cdot 3} \Rightarrow \varphi \approx 15{,}79°$.

Bemerkung:

Gilt $\vec{n} \cdot \vec{v} = 0$, dann ist die Gerade parallel zur Ebene oder liegt in ihr. Ist $\vec{v} = t \cdot \vec{n}$ bzw. ist der Richtungsvektor der Gerade ein Vielfaches des Normalenvektors der Ebene, dann wäre die Gerade senkrecht zur Ebene, da der Normalenvektor senkrecht auf der Ebene steht.

Aufgaben:

https://mathe-total.de/new15/Lagebeziehungen.pdf (Aufgabe 1))
https://mathe-total.de/new-x/Aufgabe-Vektorrechnung.pdf (Aufgabenteil f))
https://mathe-total.de/Buecher/mathe-total-pdfs/Aufgaben-zur-Linearen-Algebra-mit-Schwerpunkt-auf-Lagebeziehungen.pdf (Aufgabe 5c))
https://mathe-total.de/Buecher/mathe-total-pdfs/Vektorrechnung-Abstaende-mit-Anwendung.pdf (Aufgabe 1c) (i))

3.7 Spurpunkte bei Ebenen

Die Spurpunkte einer Ebene sind die Schnittpunkte der Ebene mit den Koordinatenachsen.

Beispiel:
E: $2x + 4y + 3z = 12$

Für die Berechnung des Schnittpunktes S_x mit der x-Achse setzen wir $y = 0$ und $z = 0$:

$$2x \qquad = 12$$

Damit wäre $x = 6$ und $S_x(6; 0; 0)$. Analog ergibt sich $S_y(0; 3; 0)$ mit $x = 0$ und $z = 0$ sowie $S_z(0; 0; 4)$ mit $x = 0$ und $y = 0$.

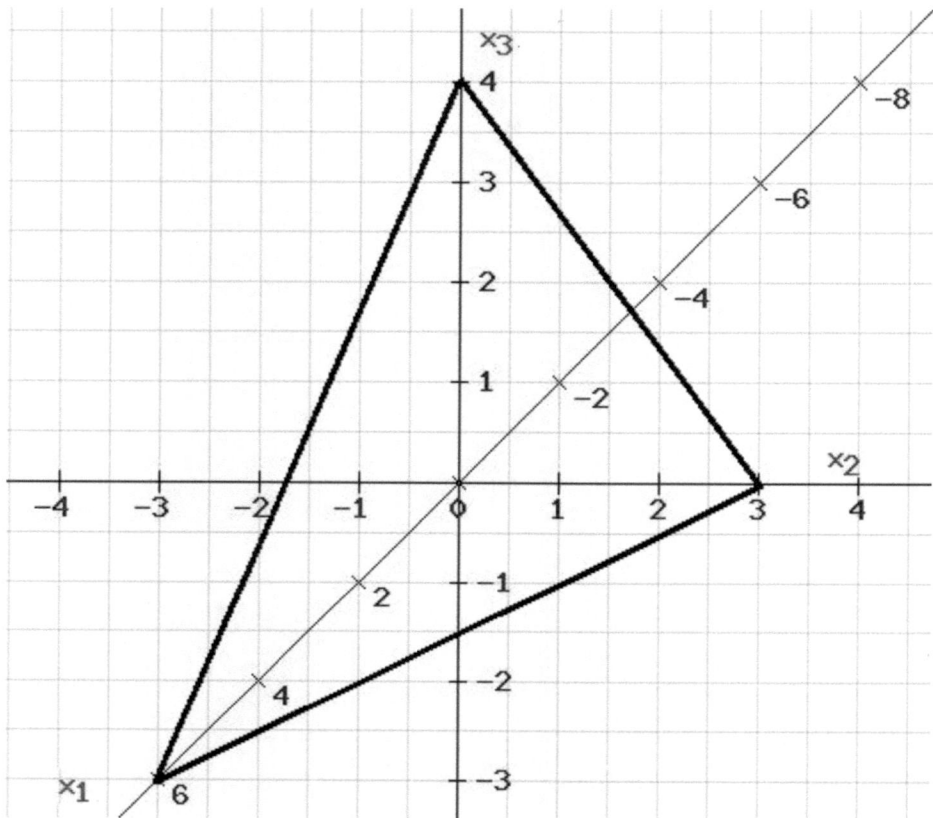

Dividiert man die Ebenengleichung durch die rechte Seite (wenn diese von Null verschieden ist, wie in unserem Beispiel, sonst würden alle Spurpunkte im Ursprung liegen), so erhält man die Achsenabschnittsform, an der man alle Spurpunkte ablesen kann:

$$2x + 4y + 3z = 12 \mid :12$$

$$x/6 + y/3 + z/4 = 1$$

Wäre die Ebene E: $2x + y = 4$ gegeben, so gäbe es keinen Schnittpunkt mit der z-Achse, da die Ebene parallel zu dieser verläuft. F: $z = 0$ stellt sogar die x-y-Ebene dar und enthält somit die x- und die y-Achse. Wenn die Ebene in Parameterform gegeben ist, dann muss für jeden Spurpunkt ein Gleichungssystem gelöst werden, oder man müsste diese in die Koordinatenform umrechnen, was u. U. weniger aufwändig wäre.

Beispiel:

$$E:\ \bar{x} = \begin{pmatrix} -2 \\ 1 \\ 1 \end{pmatrix} + s \cdot \begin{pmatrix} 1 \\ -1 \\ 1 \end{pmatrix} + t \cdot \begin{pmatrix} 1 \\ 1 \\ -2 \end{pmatrix}$$

Wenn wir den Schnittpunkt mit der x-Achse direkt berechnen wollten, ohne die Ebenengleichung in Koordinatenform umzuwandeln, müssten wir $y = 0$ und $z = 0$ setzen und das Gleichungssystem

$$0 = 1 - s + t$$

$$0 = 1 + s - 2t$$

lösen. Setzt man danach die Lösung $s = 3$ und $t = 2$ in die Ebenengleichung ein, so erhält man den Schnittpunkt $S_x(3; 0; 0)$ mit der x-Achse.

Aufgabe:
https://mathe-total.de/Buecher/mathe-total-pdfs/Aufgaben-zur-Linearen-Algebra-mit-Schwerpunkt-auf-Lagebeziehungen.pdf (Aufgabe 5a))

3.8 Lagebeziehung Ebene / Ebene, Schnittgerade, Schnittwinkel

Möchte man die Lagebeziehungen zweier Ebenen vergleichen, so ist am günstigsten, wenn beide in der Koordinatenform (oder auch in Normalenform) gegeben sind.

Beispiele:
1) E: $x + y + 2z = 8$
   F: $x + y + 2z = 10$

Die beiden Ebenen sind parallel, denn die linke Seite der Ebenengleichung ist identisch, womit die Normalenvektoren identisch sind, aber die rechte Seite unterscheidet sich.

2) E: $x + y + 2z = 8$
   F: $2x + 2y + 4z = 16$

Die beiden Ebenen sind identisch, denn die Gleichungen sind Vielfache voneinander.

3) E: $x + y + 2z = 8$
   F: $x + 2y + 4z = 10$

Die beiden Ebenen sind weder parallel noch identisch, denn die Normalvektoren sind keine Vielfachen voneinander. Die beiden Ebenen scheiden sich in einer so genannten Schnittgeraden. Wir wollen diese bestimmen:

Wir eliminieren x und subtrahieren die beiden Ebenengleichungen:

$$-y - 2z = -2$$

Nun setzen wir z.B. $z = t$ und lösen obige Gleichung nach y auf:

$$-y - 2t = -2$$

$$y = -2t + 2$$

Nun können wir $z = t$ und $y = -2t + 2$ entweder in die Gleichung von E oder in die von F einsetzen. Wir wählen E und erhalten:

$$x + (-2t + 2) + 2t = 8$$

Somit ist $x = 6$ und wir haben eine Gleichung der Schnittgeraden g gefunden:

$$x = 6$$

$$y = 2 - 2t$$

$$z = t$$

Somit ist

$$g: \bar{x} = \begin{pmatrix} 6 \\ 2 \\ 0 \end{pmatrix} + t \cdot \begin{pmatrix} 0 \\ -2 \\ 1 \end{pmatrix}.$$

Um den Schnittwinkel der beiden Ebenen bestimmen zu können, muss man den Winkel zwischen den Normalenvektoren $\bar{n}_E$ und $\bar{n}_F$ bestimmen. Da sich, je nachdem, wie die Richtungsvektoren stehen, auch ein Winkel α größer als 90° zwischen den Normalenvektoren ergeben kann, so gibt man in diesem Fall $\varphi = 180° - \alpha$ als Schnittwinkel an oder man verwendet den Betrag des Skalarproduktes bei der Winkelberechnung (wie beim Schnittwinkel zwischen zwei Geraden). Bei einer Anwendungsaufgabe, wie bei der Berechnung des Eckwinkels in einem Gebäude, kann natürlich auch ein Winkel über 90° vorliegen, was aber in der Aufgabe klar definiert sein muss.

Für den Schnittwinkel φ gilt:

$$\cos(\varphi) = \frac{\left| \bar{n}_E \cdot \bar{n}_F \right|}{\left| \bar{n}_E \right| \cdot \left| \bar{n}_F \right|}$$

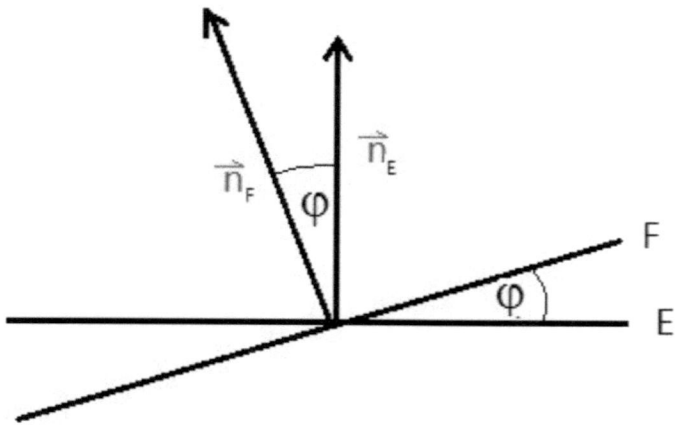

Im **Beispiel** gilt:

$$\vec{n}_E = \begin{pmatrix} 1 \\ 1 \\ 2 \end{pmatrix}, \ \vec{n}_F = \begin{pmatrix} 1 \\ 2 \\ 4 \end{pmatrix}, \ \cos(\varphi) = \frac{|1 + 2 + 8|}{\sqrt{1+1+4} \cdot \sqrt{1+4+16}} \Rightarrow \varphi \approx 11.49°$$

Falls E in Koordinatenform und F in Parameterform gegeben ist, so kann man auch noch relativ einfach die Lagebeziehung und die Schnittgerade bestimmen.

Beispiel:

E: x - 2y + z = 8

$$F: \ \vec{x} = \begin{pmatrix} 1 \\ 1 \\ 0 \end{pmatrix} + s \cdot \begin{pmatrix} 2 \\ 1 \\ 1 \end{pmatrix} + t \cdot \begin{pmatrix} 1 \\ 1 \\ 2 \end{pmatrix}$$

Mit F erhält man

$$x = 1 + 2s + t$$

$$y = 1 + s + t$$

$$z = \quad s + 2t$$

und diese in die Gleichung von E eingesetzt ergibt:

$$1 + 2s + t - 2 \cdot (1 + s + t) + s + 2t = 8$$

$$-1 + s + t = 8$$

Lösen wir nach z.B. die Gleichung nach s auf, so erhalten wir s = 9 - t. Setzen wir dies in F ein, so erhalten wir eine Gleichung der Schnittgeraden:

$$g: \ \vec{x} = \begin{pmatrix} 1 \\ 1 \\ 0 \end{pmatrix} + (9-t) \cdot \begin{pmatrix} 2 \\ 1 \\ 1 \end{pmatrix} + t \cdot \begin{pmatrix} 1 \\ 1 \\ 2 \end{pmatrix} = \begin{pmatrix} 1 \\ 1 \\ 0 \end{pmatrix} + \begin{pmatrix} 18 \\ 9 \\ 9 \end{pmatrix} + t \cdot \begin{pmatrix} -2 \\ -1 \\ -1 \end{pmatrix} + t \cdot \begin{pmatrix} 1 \\ 1 \\ 2 \end{pmatrix} = \begin{pmatrix} 19 \\ 10 \\ 9 \end{pmatrix} + t \cdot \begin{pmatrix} -1 \\ 0 \\ 1 \end{pmatrix}$$

Aufgaben:
https://mathe-total.de/Buecher/mathe-total-pdfs/Aufgaben-zur-Linearen-Algebra-mit-Schwerpunkt-auf-Lagebeziehungen.pdf (Aufgabe 5))
https://mathe-total.de/new-x/Aufgabe-Vektorrechnung.pdf
https://mathe-total.de/new15/Lagebeziehungen.pdf (Aufgabe 3))
https://mathe-total.de/new15/Ebenenscharen.pdf (Weiterführende Aufgaben)

3.9 HNF, Abstand Punkt / Ebene, Lotfußpunkt

Den Abstand eines Punktes von einer Ebene kann man einfach bestimmen, wenn die Ebene in Koordinatenform oder in Normalform vorliegt, indem man die so genannte Hesse-Normalform (HNF) bestimmt. Diese wird an einem **Beispiel** gezeigt:

Beispiel:

Es soll der Abstand der Ebene E: $2x - 2y + z = 12$ vom Punkt $P(1; 0; 1)$ bestimmt werden. Der Normalenvektor

$$\vec{n} = \begin{pmatrix} 2 \\ -2 \\ 1 \end{pmatrix}$$

kann wie immer einfach an der Koordinatenform abgelesen werden. Wir bestimmen dessen Länge:

$$|\vec{n}| = \sqrt{4+4+1} = 3$$

Als nächstes dividieren wir die Gleichung von E durch die Länge des Normalvektors:

$$E: 2/3x - 2/3y + 1/3z = 4$$

Wenn die rechte Seite negativ wäre, so wird die Gleichung bei der Bestimmung der HNF mit -1 multipliziert. Auf der rechten Seite steht nun der Abstand der Ebene vom Ursprung (hier 4 LE). Subtrahieren wir noch 4 auf beiden Seiten, so dass man auf der rechten Seite eine Null erhält, so ergibt sich durch

$$E: 2/3x - 2/3y + 1/3z - 4 = 0$$

die HNF als Koordinatengleichung. Von einer Normalform ausgehend würde sich folgende Gleichung in vektorieller Form ergeben (für die Umwandlung in Normalform wurde ein Punkt von E benötigt, den wir erhalten, falls wir beispielsweise $y = z = 0$ setzen, womit wir (6; 0; 0) als Punkt von E erhalten):

$$E: \left(\vec{x} - \begin{pmatrix} 6 \\ 0 \\ 0 \end{pmatrix} \right) \cdot \begin{pmatrix} 2/3 \\ -2/3 \\ 1/3 \end{pmatrix} = 0$$

Der Abstand d(P, E) eines Punktes P(x; y; z) von E ergibt sich über:

$$d(P, E) = \left\| \left(\vec{x} - \begin{pmatrix} 6 \\ 0 \\ 0 \end{pmatrix} \right) \cdot \begin{pmatrix} 2/3 \\ -2/3 \\ 1/3 \end{pmatrix} \right\| = |2/3x - 2/3y + 1/3z - 4|$$

Für den Punkt P(1; 0; 1) gilt dann:

$$d(P,E) = |2/3 \cdot 1 - 2/3 \cdot 0 + 1/3 \cdot 1 - 4| = |-3| = 3$$

Es wird der obige Weg kurz mit einer Formel dargestellt:
Der Abstand des Punkte $P(x_0; y_0; z_0)$ von der Ebene $E: n_1 x + n_2 y + n_3 z = d$ ergibt sich durch:

$$d(P, E) = \left| \frac{n_1 x_0 + n_2 y_0 + n_3 z_0 - d}{\sqrt{n_1^2 + n_2^2 + n_3^2}} \right|$$

Das Lot-Fußpunkt-Verfahren:
Eine weitere Möglichkeit zur Bestimmung des Abstandes eines Punktes von einer Ebene ist die folgende: Man konstruiert eine Hilfsgerade g, die den Punkt P als Stützvektor verwendet und den Normalenvektor der Ebene als Richtungsvektor. Damit ist die Hilfsgerade senkrecht zur Ebene und der Schnittpunkt der Geraden mit der Ebene ist der Lotfußpunkt F. Der Abstand von P und F ist dann wieder der Abstand der Ebene zum Punkt. Dieses Verfahren kann auch angewendet werden, wenn ein Punkt an einer Ebene gespiegelt werden soll oder wenn man eine Gerade in eine Ebene projizieren möchte.

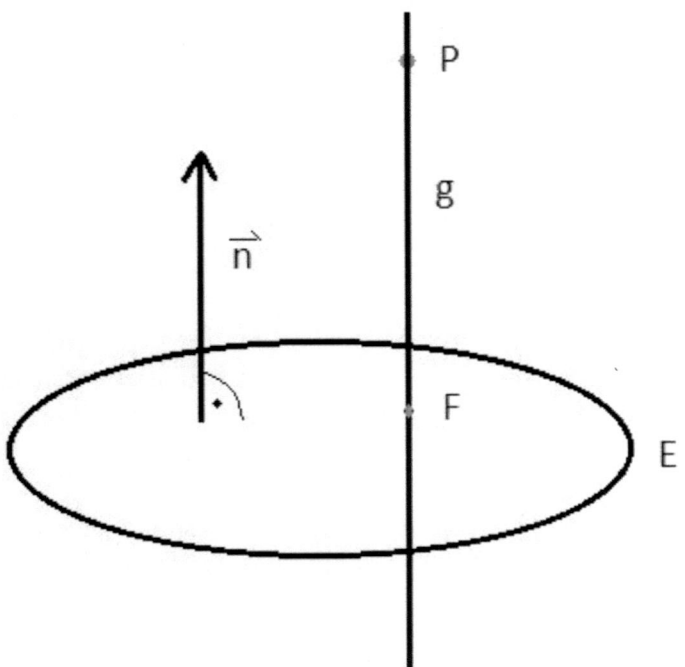

Im **Beispiel**:
Die Hilfsgerade ist:

$$g: \vec{x} = \overrightarrow{OP} + t \cdot \vec{n} = \begin{pmatrix} 1 \\ 0 \\ 1 \end{pmatrix} + t \cdot \begin{pmatrix} 2 \\ -2 \\ 1 \end{pmatrix}$$

Wir setzen x = 1 + 2t, y = -2t und z = 1 + t in E ein:

$$2 \cdot (1 + 2t) - 2 \cdot (-2t) + 1 + t = 12$$

$$2 + 4t + 4t + 1 + t = 12$$

Somit ist t = 1. In die Gleichung von g eingesetzt, ergibt sich der Ortsvektor des Lotfußpunktes:

$$\overrightarrow{OF} = \begin{pmatrix} 1 \\ 0 \\ 1 \end{pmatrix} + 1 \cdot \begin{pmatrix} 2 \\ -2 \\ 1 \end{pmatrix} = \begin{pmatrix} 3 \\ -2 \\ 2 \end{pmatrix}$$

Wir bestimmen den Vektor $\overrightarrow{PF}$ und dessen Länge:

$$\overrightarrow{PF} = \overrightarrow{OF} - \overrightarrow{OP} = \begin{pmatrix} 2 \\ -2 \\ 1 \end{pmatrix}, \quad \left| \overrightarrow{PF} \right| = \sqrt{4 + 4 + 1} = 3.$$

Nun wollen wir noch zum Schluss den Punkt P an der Ebene E spiegeln:

$$\overrightarrow{OP'} = \overrightarrow{OP} + 2 \cdot \overrightarrow{PF} = \overrightarrow{OF'} + \overrightarrow{PF} = \begin{pmatrix} 5 \\ -4 \\ 3 \end{pmatrix}$$

Also ergibt sich der gespiegelte Punkt P'(5; – 4; 3).

Bemerkung:

1) Möchte man den Abstand zweier Ebenen bestimmen, so gilt: Falls die Ebenen nicht parallel sind, ist der Abstand 0, da sie sich in diesem Fall scheiden. Sind die Ebenen parallel, so bestimmt man einen Punkt der einen Ebene und rechnet, wie oben beschrieben, den Abstand des Punktes zur anderen Ebene aus.

2) Bei der Projektion einer Geraden in eine Ebene kann man die obige Berechnung zur Bestimmung des Fußpunktes F für zwei Punkte der Gerade durchführen. Mit den beiden sich ergebenden Fußpunkten kann dann die Gleichung der projizierten Gerade bestimmt werden.

Aufgaben:
https://mathe-total.de/Buecher/mathe-total-pdfs/Aufgaben-zur-Vektorrechnung.pdf (Aufgabe 6))
https://mathe-total.de/Buecher/mathe-total-pdfs/Aufgaben-zur-Linearen-Algebra-mit-Schwerpunkt-auf-Lagebeziehungen.pdf (Aufgabe 5e))
https://mathe-total.de/Buecher/mathe-total-pdfs/Vektorrechnung-Abstaende-mit-Anwendung.pdf (Aufgabe 1c))
https://mathe-total.de/Buecher/mathe-total-pdfs/Vektorrechnung-Anwendungsaufgaben-zu-Geraden-und-Ebenen.pdf (Aufgaben zu verschiedenen Themen)
https://mathe-total.de/Aufgabenblaetter/Abi-LA.pdf (Aufgaben zu allen Themen)

4 Kreise und Kugeln

Durch die folgende Gleichung wird ein Kreis (im $\mathbb{R}^2$) mit dem Radius r um den Koordinatenursprung festgelegt:

$$K: x^2 + y^2 = r^2$$

Alle Punkte P(x; y), die diese Gleichung erfüllen, liegen auf diesem Kreis, denn die Ortsvektoren

$$\overrightarrow{OP} = \begin{pmatrix} x \\ y \end{pmatrix}$$

haben damit alle die Länge r:

$$\left| \begin{pmatrix} x \\ y \end{pmatrix} \right| = \sqrt{x^2 + y^2} = r$$

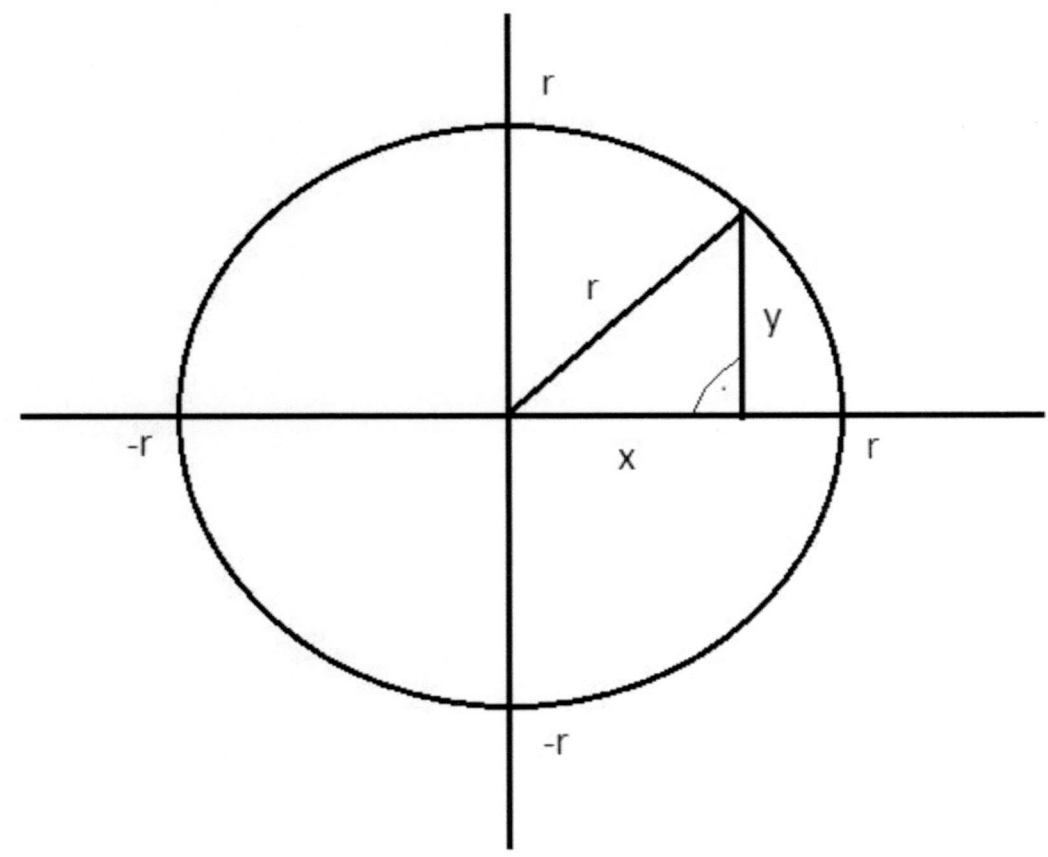

Analog liegen (im $\mathbb{R}^3$) alle Punkte P(x; y; z), die die Gleichung

$$K: x^2 + y^2 + z^2 = r^2$$

erfüllen, auf einer Kugel mit dem Radius r um den Koordinatenursprung.

Allgemein liegen alle Punkte P(x; y; z), die vom Punkt M(x_M, y_M, z_M) den Abstand r haben, auf einer Kugel um M mit dem Radius r. Aus diesem Grund erfüllen diese Punkte die folgende Gleichung:

$$K: (x - x_M)^2 + (y - y_M)^2 + (z - z_M)^2 = r^2$$

Beispiele:

1) $K: x^2 + (y - 2)^2 = 25$ ist im $\mathbb{R}^3$ ein Kreis. Wie lauten der Mittelpunkt und der Radius?

M(0; 2) ist der Mittelpunkt und der Radius ist r = 5.

2) Wie lautet der Mittelpunkt und der Radius des Kreises $K: x^2 - 8x + y^2 = 9$?

Hier benötigen wir eine quadratische (siehe https://mathe-total.de/new15b/Erklaerung-zur-quadratischen-Ergaenzung.pdf) Ergänzung:

$$x^2 - 8x + (8/2)^2 - (8/2)^2 + y^2 = 9$$

$$(x - 4)^2 - 16 + y^2 = 9 \mid + 16$$

$$(x - 4)^2 + y^2 = 25$$

Damit ist M(4; 0) der Mittelpunkt und r = 5 der Radius.

3) Gegeben ist die Gleichung der Kugel $K: x^2 + (y + 1)^2 + (z - 4)^2 = 100$.

a) Es soll der Schnittpunkt der Kugel mit der Geraden

$$g: \vec{x} = \begin{pmatrix} -2 \\ 5 \\ -6 \end{pmatrix} + t \cdot \begin{pmatrix} 1 \\ 0 \\ 1 \end{pmatrix}$$

bestimmt werden.

Aus der Gleichung für g folgt:

$$x = -2 + t$$

$$y = 5$$

$$z = -6 + t$$

Dies setzen wir in die Gleichung für K ein:

$$(t - 2)^2 + (5 + 1)^2 + (t - 6 - 4)^2 = 100$$

$$t^2 - 4t + 4 + 36 + t^2 - 20t + 100 = 100$$

$$2t^2 - 24t + 140 = 100 \mid - 100$$

$$2t^2 - 24t + 40 = 0 \mid : 2$$

$$t^2 - 12t + 20 = 0$$

Mit der p-q-Formel ergibt sich $t_1 = 6 + 4 = 10$, $t_2 = 6 - 4 = 2$. Wir haben somit zwei Schnittpunkte. Es hätte sich auch nur eine Lösung (falls die Gerade den Kreis berührt) ergeben können, oder auch keine (wenn die Gerade an der Kugel vorbei läuft, d.h. wenn der Abstand der Gerade zum Kugelmittelpunkt größer als der Radius der Kugel wäre). Setzen wir die beiden Lösungen für t in die Geradengleichung ein, so ergeben sich die beiden Schnittpunkt:

$$\overrightarrow{OS_1} = \begin{pmatrix} -2 \\ 5 \\ -6 \end{pmatrix} + 10 \cdot \begin{pmatrix} 1 \\ 0 \\ 1 \end{pmatrix} = \begin{pmatrix} 8 \\ 5 \\ 4 \end{pmatrix} \Rightarrow S_1(8; 5, 4)$$

$$\overrightarrow{OS_2} = \begin{pmatrix} -2 \\ 5 \\ -6 \end{pmatrix} + 2 \cdot \begin{pmatrix} 1 \\ 0 \\ 1 \end{pmatrix} = \begin{pmatrix} 0 \\ 5 \\ -4 \end{pmatrix} \Rightarrow S_2(0; 5, -4)$$

b) Wie lautet die Gleichung der Ebene E, die K im Punkt Q(10; 0; 0) tangiert?

Der Vektor vom Mittelpunkt zum Berührpunkt ist senkrecht zur Tangentialebene (die nächste Grafik zeigt ein Schnitt durch die Kugel durch den Mittelpunkt M der Kugel und den Tangentialpunkt Q).

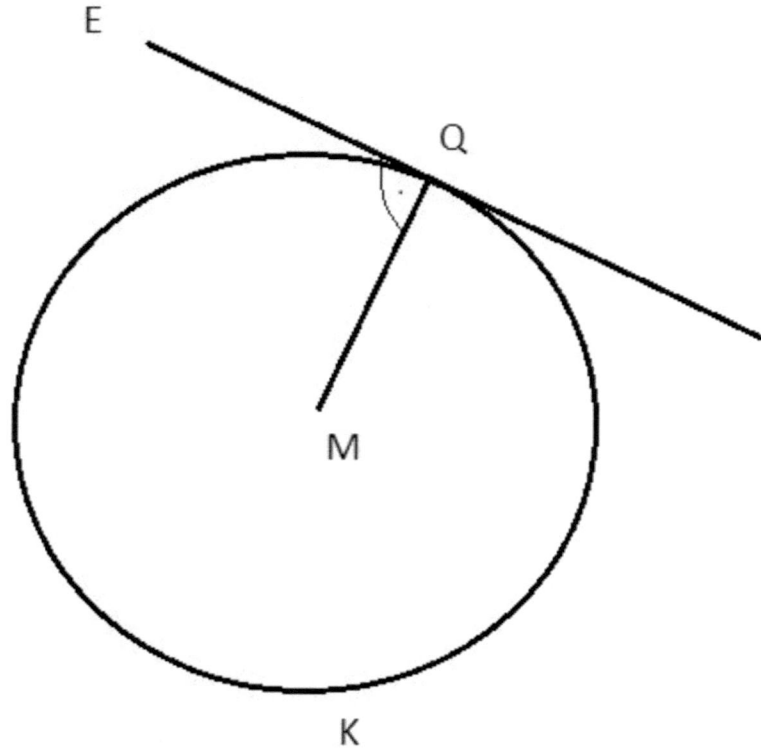

Damit kann man diesen Vektor als Normalenvektor der Ebenen verwenden:

$$\vec{n} = \overrightarrow{MQ} = \begin{pmatrix} 10 \\ 0 \\ 0 \end{pmatrix} - \begin{pmatrix} 0 \\ -1 \\ 4 \end{pmatrix} = \begin{pmatrix} 10 \\ 1 \\ -4 \end{pmatrix}$$

Somit ergibt sich eine Darstellung der Tangentialebene in Normalenform durch:

$$E: (\vec{x} - \overrightarrow{OQ}) \cdot \vec{n} = 0$$

$$E: \left(\vec{x} - \begin{pmatrix} 10 \\ 0 \\ 0 \end{pmatrix} \right) \cdot \begin{pmatrix} 10 \\ 1 \\ -4 \end{pmatrix} = 0$$

Aufgaben:
https://mathe-total.de/Aufgaben-Lineare-Algebra/Kreise-und-Kugeln.pdf

5 Anwendungsaufgaben

5.1 Anwendungsaufgabe 1

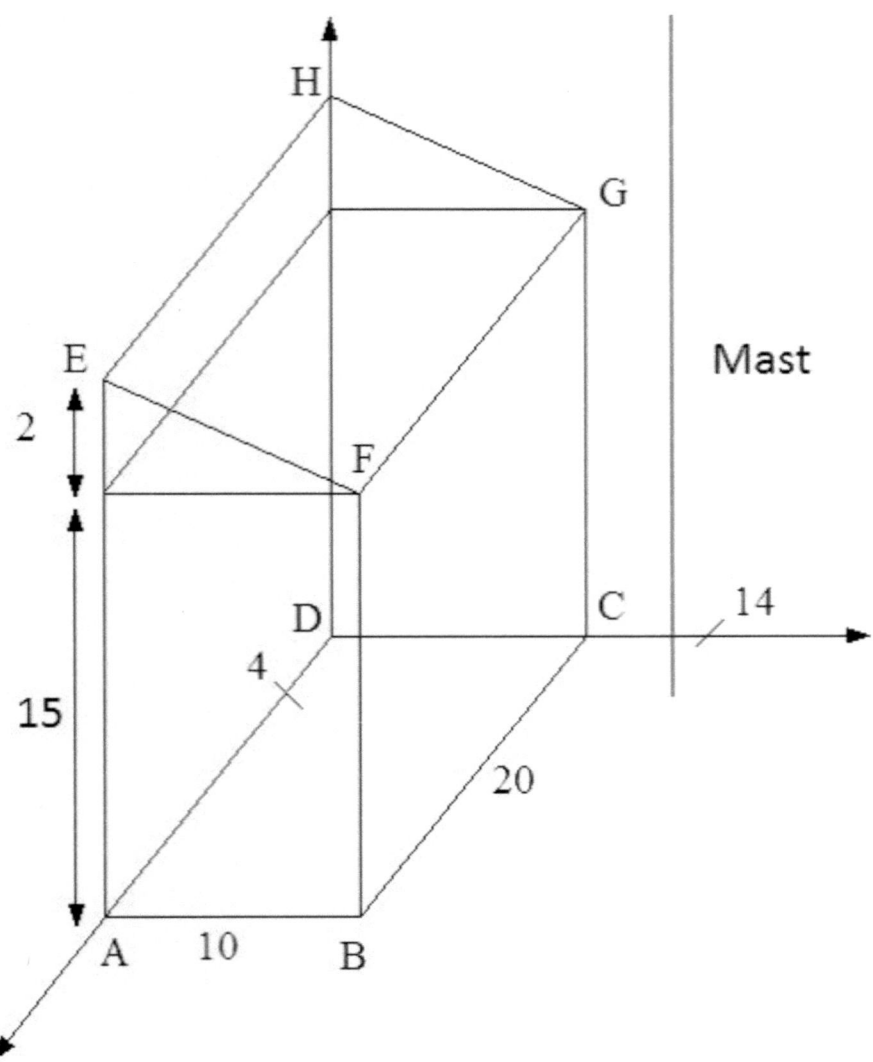

Aufgabe:

(1) Es sollen die Eckpunkte A bis H bestimmt werden.

(2) Wie lauten die Gleichungen der Ebene EFGH in Parameter- und Koordinatenform?

(3) Die Spitze des Mastes liegt in P(4; 14; 25). Wo liegt der Schattenpunkt P' von P auf dem Dach, wenn die Sonne in die Richtung $\begin{pmatrix} 1 \\ -1 \\ -1 \end{pmatrix}$ scheint?

(4) Wo trifft der Schatten auf die Dachkante $\overline{FG}$?

(5) In welchem Winkel treffen die Sonnenstrahlen auf den Boden?

(6) Wie groß ist das Volumen des Gebäudes?

(7) Wie groß ist der Neigungswinkel des Daches?

Lösungen (für Ebenen- und Geradengleichungen gibt es mehrere Lösungen):

(1) A(20;0;0)
B(20;10;0)
C(0;10;0)
D(0;0;0)
E(20;0;17)
F(20;10;15)
G(0;10;15)
H(0;0;17)

(2) E: $\vec{x} = \overrightarrow{OH} + r \cdot \overrightarrow{HE} + s \cdot \overrightarrow{HG}$ (Wenn man die Eckpunkte E, G und H verwendet.)

$$= \begin{pmatrix} 0 \\ 0 \\ 17 \end{pmatrix} + r \cdot \left(\begin{pmatrix} 20 \\ 0 \\ 17 \end{pmatrix} - \begin{pmatrix} 0 \\ 0 \\ 17 \end{pmatrix} \right) + s \cdot \left(\begin{pmatrix} 0 \\ 10 \\ 15 \end{pmatrix} - \begin{pmatrix} 0 \\ 0 \\ 17 \end{pmatrix} \right)$$

$$= \begin{pmatrix} 0 \\ 0 \\ 17 \end{pmatrix} + r \cdot \begin{pmatrix} 20 \\ 0 \\ 0 \end{pmatrix} + s \cdot \begin{pmatrix} 0 \\ 10 \\ -2 \end{pmatrix}$$

$$\vec{n} = \begin{pmatrix} 20 \\ 0 \\ 0 \end{pmatrix} \times \begin{pmatrix} 0 \\ 10 \\ -2 \end{pmatrix} = \begin{pmatrix} 0 \\ 40 \\ 200 \end{pmatrix}$$

Oder $\vec{n} = \begin{pmatrix} 0 \\ 1 \\ 5 \end{pmatrix}$ (da man auch Vielfache - außer dem Nullfachen - des obigen

Normalenvektors verwenden kann).

$$E: \left[\vec{x} - \begin{pmatrix} 0 \\ 0 \\ 17 \end{pmatrix} \right] \cdot \begin{pmatrix} 0 \\ 1 \\ 5 \end{pmatrix} = 0$$

$$E: y + 5z = 85$$

(3) Schatten des Punktes P auf Dach:

$$g: \vec{x} = \begin{pmatrix} 4 \\ 14 \\ 25 \end{pmatrix} + t \cdot \begin{pmatrix} 1 \\ -1 \\ -1 \end{pmatrix}$$

Damit ist x = 4 + t, y = 14 - t und z = 25 - t. In Koordinatengleichung für E einsetzen:

$14 - t + 5 \cdot (25 - t) = 85$

$14 - t + 125 - 5t = 85$

$139 - 6t = 85 \quad | \quad -139$

$ -6t = -54$

Es ergibt sich: $t = 9$

In die Gradengleichung g einsetzen:

$$\overrightarrow{OP'} = \begin{pmatrix} 4 \\ 14 \\ 25 \end{pmatrix} + 9 \cdot \begin{pmatrix} 1 \\ -1 \\ -1 \end{pmatrix} = \begin{pmatrix} 13 \\ 5 \\ 16 \end{pmatrix}$$

Also ist P'(13;5;16).

Da für P' $0 \le x \le 20$ und $0 \le y \le 10$ gilt, liegt P' auf dem Dach. Berechnet man den Schnittpunkt mit der Parameterform der Ebene, dann gilt $r = 13/20$ und $s = 1/2$. Hier sieht man auch, dass P' auf dem Dach liegt, denn $0 \le r \le 1$ und $0 \le s \le 1$.

(4) Dachkante: $k : \vec{x} = \overrightarrow{OG} + t \cdot \overrightarrow{FG} = \begin{pmatrix} 0 \\ 10 \\ 15 \end{pmatrix} + t \cdot \begin{pmatrix} 20 \\ 0 \\ 0 \end{pmatrix}$

Der Schatten des Mastes liegt in $E_S : \vec{x} = \begin{pmatrix} 4 \\ 14 \\ 25 \end{pmatrix} + r \cdot \begin{pmatrix} 1 \\ -1 \\ -1 \end{pmatrix} + s \cdot \begin{pmatrix} 0 \\ 0 \\ 1 \end{pmatrix}$.

Der Schnittpunkt von k und E_S ergibt sich durch Gleichsetzen beider Gleichungen.

$$\begin{pmatrix} 0 \\ 10 \\ 15 \end{pmatrix} + t \cdot \begin{pmatrix} 20 \\ 0 \\ 0 \end{pmatrix} = \begin{pmatrix} 4 \\ 14 \\ 25 \end{pmatrix} + r \cdot \begin{pmatrix} 1 \\ -1 \\ -1 \end{pmatrix} + s \cdot \begin{pmatrix} 0 \\ 0 \\ 1 \end{pmatrix}$$

Lösung: $r = 4$, $s = -6$, $t = 2/5$

Schnittpunkt S mit Dachkante: (Einsetzen von $t = 2/5$ in Gleichung von g oder $r = 4$ und $s = -6$ in Gleichung von E_S.)

$$\overrightarrow{OS} = \begin{pmatrix} 0 \\ 10 \\ 15 \end{pmatrix} + 2/5 \cdot \begin{pmatrix} 20 \\ 0 \\ 0 \end{pmatrix} = \begin{pmatrix} 8 \\ 10 \\ 15 \end{pmatrix} \quad \Rightarrow \quad S(8;10;15)$$

(5) Der Boden ist x-y-Achse:

E_{xy}: z = 0

Also ist $\bar{n} = \begin{pmatrix} 0 \\ 0 \\ 1 \end{pmatrix}$. Nun muss man den Winkel zwischen der x-y-Ebene und dem Vektor

$\bar{v} = \begin{pmatrix} 1 \\ -1 \\ -1 \end{pmatrix}$ berechnen:

Bei der Berechnung des Schnittwinkels zwischen einer Ebene und einer Geraden verwendet man am besten den Sinus:

$$\sin(\alpha) = \frac{|\bar{n} \cdot \bar{v}|}{|\bar{n}| \cdot |\bar{v}|} = \frac{|-1|}{\sqrt{3} \cdot 1} \quad \Rightarrow \quad \alpha \approx 35{,}26°$$

(6) V = (17+15)/2 · 10 · 20 = 3200 (Wenn alle Angaben in m gegeben wurden, so hat das Volumen die Einheit m^3. Die Grundfläche ist ein Trapez.)

(7) Der Winkel zwischen E: y + 5z = 85 und E_{xy}: z = 0 ergibt sich über die Berechnung des Winkels zwischen dem Normalenvektor

$$\bar{n}_E = \begin{pmatrix} 0 \\ 1 \\ 5 \end{pmatrix} \quad \text{und} \quad \bar{n}_{E_{xy}} = \begin{pmatrix} 0 \\ 0 \\ 1 \end{pmatrix}.$$

$$\cos(\alpha) = \frac{\bar{n}_E \cdot \bar{n}_{E_{xy}}}{|\bar{n}_E| \cdot |\bar{n}_{E_{xy}}|} = \frac{5}{\sqrt{26} \cdot 1} \quad \Rightarrow \quad \alpha \approx 11{,}31°$$

Wäre α größer als 90° gewesen, so wäre 180° - α der Neigungswinkel, wobei man bei Anwendungsaufgaben allgemein mit dieser Regel aufpassen muss.

Man kann bei Anwendungsaufgaben nicht generell sagen, dass, falls ein Winkel größer als 90° ist, dieser dann von 180° subtrahiert werden muss. Wenn man beispielsweise den Eckwinkel in einem Dreieck berechnet (beispielsweise für den Winkel in einer Dachspitze) und man z.B. 120° erhält, dann ist auch der Eckwinkel 120°, wenn man die Vektoren, mit denen man den Winkel berechnet, richtig bestimmt hat. Diese müssen beide von der Ecke weg oder beide zur Ecke hin zeigen, wenn man das Problem mit Vektoren löst, die von einer Dreiecks-Ecke zur anderen zeigen. Bei einem Neigungswinkel eines Daches würde man hingegen keinen Winkel größer als 90° angeben.

Verwendet man

$$\cos(\alpha) = \frac{\left| \vec{n}_E \cdot \vec{n}_{E_{xy}} \right|}{\left| \vec{n}_E \right| \cdot \left| \vec{n}_{E_{xy}} \right|} \, ,$$

d.h. im Zähler wird der Betrag verwendet, dann ergibt sich immer nur ein Winkel von maximal 90°.

5.2 Anwendungsaufgabe 2

Eine Pyramide hat die Eckpunkte A(10;0;0); B(10;10;0), C(0;10;0), D(0;0;0) und S(5;5;8).

(a) Wie groß ist eine Seitenfläche und wie groß ist das Volumen der Pyramide?

(b) In die Richtung $\vec{v} = \begin{pmatrix} 1 \\ -1 \\ -1 \end{pmatrix}$ scheint die Sonne. Wie weit ist der Schattenpunkt von S

auf den Boden von der Pyramide entfernt?

(a) Skizze:

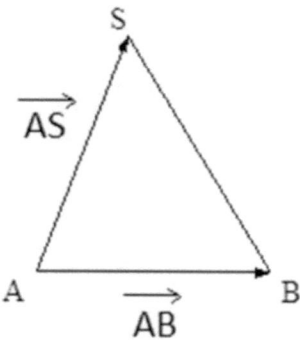

Wir benötigen zwei Vektoren, die von einer Ecke weg zeigen, wie oben in der Skizze dargestellt. Eine Möglichkeit ist, die Dreiecksfläche über folgende Formel zu berechnen:

$$A = 1/2 \cdot \sqrt{|\overrightarrow{AB}|^2 \cdot |\overrightarrow{AS}|^2 - (\overrightarrow{AB} \cdot \overrightarrow{AS})^2}$$

$$\overrightarrow{AB} = \overrightarrow{OB} - \overrightarrow{OA} = \begin{pmatrix} 0 \\ 10 \\ 0 \end{pmatrix} \quad \Rightarrow \quad |\overrightarrow{AB}| = 10$$

$$\overrightarrow{AS} = \overrightarrow{OS} - \overrightarrow{OA} = \begin{pmatrix} -5 \\ 5 \\ 8 \end{pmatrix} \quad \Rightarrow \quad |\overrightarrow{AS}| = \sqrt{25 + 25 + 64} = \sqrt{114}$$

$$A = 1/2 \cdot \sqrt{100 \cdot 114 - 50^2} \approx 47{,}17$$

Die Einheit wäre m^2, falls die Angaben in m gegeben waren. Alternativ kann die Fläche auch über das Vektorprodukt bzw. Kreuzprodukt bestimmt werden (siehe S. 14, wie auch zur Formel von oben): $A = 1/2 \cdot |\overrightarrow{AB} \times \overrightarrow{AS}|$

An den Angaben von A, B, C und D sehen wir, dass die Grundfläche G ein Quadrat ist.

$$V = 1/3 \cdot G \cdot h = 1/3 \cdot 10^2 \cdot 8 \approx 266{,}67$$

Hier wäre die Einheit m^3, falls die Angaben in m gegeben waren.

(b) Skizze:

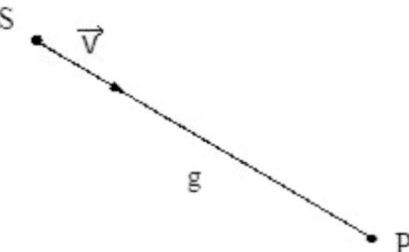

Wir bestimmen die Gerade g in Parameterform, die durch den Punkt S in Richtung der Sonne $\vec{v}$ verläuft:

$$g: \vec{x} = \overrightarrow{OS} + t \cdot \vec{v} = \begin{pmatrix} 5 \\ 5 \\ 8 \end{pmatrix} + t \cdot \begin{pmatrix} 1 \\ 1 \\ -1 \end{pmatrix}$$

Auf dem Boden ist z = 0. Wir setzen damit die z-Komponente der Geradengleichung auf 0:

$$8 - t = 0$$

Damit ergibt sich t = 8, was wir in die Geradengleichung g einsetzten können und womit wir den Schattenpunkt P(13; 13; 0) erhalten:

$$\overrightarrow{OP} = \begin{pmatrix} 5 \\ 5 \\ 8 \end{pmatrix} + 8 \cdot \begin{pmatrix} 1 \\ 1 \\ -1 \end{pmatrix} = \begin{pmatrix} 13 \\ 13 \\ 0 \end{pmatrix}$$

Der kürzeste Abstand ist der zur Ecke B(10;10;0):

$$\left| \overrightarrow{BP} \right| = \left\| \begin{pmatrix} 3 \\ 3 \\ 0 \end{pmatrix} \right\| = \sqrt{18}$$

Also würde der Abstand $\sqrt{18}$ m $\approx$ 4,24m betragen, wenn die Angaben in m gegeben wären.

Weiter Aufgaben mit Lösungen sind unter http://www.mathe-total.de/Aufgabenblaetter/Abi-LA.pdf zu finden und auch unter http://abi.mathe-total.de.

Formeln für Flächen und Volumen aus der Mittelstufe findet man unter http://www.mathe-total.de/Mittelstufe-Aufgaben/Flaeche-und-Volumen.pdf.

Beispiele zum Thema Matrizen sind hier zu finden: https://mathe-total.de/LA-Skript/Matrizen.pdf

6   Aufgaben mit alles-mathe.de lösen

Einige Grafiken wurden mit der Seite alles-mathe.de erstellt. Hier können auch verschiedene Problemstellungen der analytischen Geometrie gelöst werden. Diese sind im Folgenden zu sehen:

Analytische Geometrie / Vektorrechnung auf alles-mathe.de:
Punkt und Gerade in einem Koordinatensystem darstellen
Abstand von Punkten und Geradengleichung in Parameterform
Abstand eines Punktes von einer Geraden
Abstand eines Punktes von einer Ebene (Hesse-Normalform)
Winkel zwischen Vektoren
Lineare Unabhängigkeit
Punktprobe Geraden (liegt der Punkt P auf der Geraden g?)
Punktprobe Ebenen (liegt der Punkt P auf der Ebene E?)
Lagebeziehung Gerade und Ebene, Schnittpunkt, Schnittwinkel
Lagebeziehung zweier Geraden, Abstand zweier Geraden, Schnittpunkt und Schnittwinkel
Ebenengleichung in Parameterform und Koordinatenform bestimmen bei gegebenen Punkten
Ebenen: Parameterform in Koordinatenform
Ebenen: Koordinatenform in Parameterform
Schnittpunkte mit den Koordinatenebenen bei Geraden
Schnittpunkte mit den Koordinatenachsen bei Ebenen